U0729800

素养导向下的“创智课堂”实践研究项目成果丛书

2022年度上海市教育科学研究一般项目“双新”背景下普通高中单元学习设计与实施研究（课题批准号：C2022083）成果

课堂变革的教师行动

陆卫忠　李荔　主编

华东师范大学出版社

·上海·

图书在版编目(CIP)数据

课堂变革的教师行动/陆卫忠,李荔主编. —上海:
华东师范大学出版社,2024. —ISBN 978-7-5760-5421
-7

Ⅰ. G424.21

中国国家版本馆 CIP 数据核字第 2024J75P98 号

素养导向下的“创智课堂”实践研究项目成果丛书

课堂变革的教师行动

主　　编　陆卫忠　李　荔
责任编辑　彭呈军
特约审读　陈雅宁
责任校对　庄玉玲　时东明
装帧设计　刘怡霖

出版发行　华东师范大学出版社
社　　址　上海市中山北路 3663 号　邮编 200062
网　　址　www.ecnupress.com.cn
电　　话　021-60821666　行政传真 021-62572105
客服电话　021-62865537　门市(邮购) 电话 021-62869887
地　　址　上海市中山北路 3663 号华东师范大学校内先锋路口
网　　店　http://hdsdcbs.tmall.com

印 刷 者　上海商务联西印刷有限公司
开　　本　787 毫米×1092 毫米　1/16
印　　张　10.5
字　　数　224 千字
版　　次　2024 年 11 月第 1 版
印　　次　2024 年 11 月第 1 次
书　　号　ISBN 978-7-5760-5421-7
定　　价　48.00 元

出 版 人　王　焰

《课堂变革的教师行动》编委会

前言

2013年，上海市杨浦区基于学生创新素养培育的时代发展需求，面对区域学生高层次思维能力与学习水平不匹配、课堂高耗低效现象明显的现实问题，启动了“区域推进‘创智课堂’的实践研究”项目，提出了“学习即创造、教学即研究”的创智课堂理念，确立了“学习环境创新、学习创新、教学创新”三大核心要素及具体指标。

近年来，随着基础教育课程改革的深入推进，区域“创智课堂”项目组基于普通高中新课程方案、学科新课程标准要求，升级迭代了“创智课堂”理论框架和指标体系，依托“智慧教师工作坊”运行机制，构建了“区教研员—区级骨干教师—校级优秀教师”三级核心团队，在“形成共识—打破共识—再形成共识”的螺旋上升过程中，促使创智课堂的理念逐步成为全区课堂转型与教学变革的共同愿景和公共话语，并以单元学习设计、跨学科主题学习、技术赋能教学作为推进教学创新、学习创新和学习环境创新的载体，为教与学方式的变革提供了系统支撑。

时至今日，项目推进已近12年，区域推进“创智课堂”的实践研究取得了丰硕的成果，一批前期参与项目研究的教师在专业发展上有了一定的提升，成为特级教师、正高级教师和市区校骨干教师，项目成果两次获上海市优秀教学成果一等奖。然而，我们也清醒地意识到，区域课堂教学变革的推进并非简单的“愿景形塑—执行—达成”的线性过程，而是呈现出一种动态变化、复杂多样的运行状态。因此，区域课堂教学变革整体推进除了行政推动与教研支撑之外，还需要更多的教师能够有参与变革的体验、探索、实践和反思，也就是说，不仅需要教师们“共知”，还需要将“共情”和“共行”贯穿于课堂变革行动的全过程。

如何吸引更多的教师投身于教学变革的实践中？项目组经研究提出，一是要发挥教研专业支撑作用，通过教研运作机制，将已有的成果及时进行转化推广，持续优化“学生立场、创新旨趣、探究取向”的以学为中心的教学变革，解决“理念好、落地难”的问题；二是要立足课堂，探索将已有的“创智课堂”理念系统转化为教与学的行为，包括日常课堂上教师主导教学的具体行为，以及学生作为主体，在学习过程中的具体方法、路径，这是课改理念和方案能否真正落地，学生核心素养培育目标能否真正实现的关键环节，也是育人方式能否真正改变的关键环节。

课堂是鲜活的，不断处在绵绵不绝的动态生成之中，而教师在课堂中的每个瞬间，都是永恒的瞬间，用文字将之留存，是教师在课堂探索中最好的方式之一。① 2023 年，项目组面向全区高中教师组织开展“素养时代的‘创智课堂’教学变革”征文活动，项目组通过评审遴选→专家指导→修改后再评审的过程，将征文活动转化成为引导教师梳理“创智课堂”变革核心经验与成果的显性载体，提升教师教育教学研究能力的有力抓手，在提交的 70 余篇征文中评选出 21 篇文章，形成了《课堂变革的教师行动》一书。本书共收集了 21 位教师课堂变革之旅中的实践智慧，呈现了一线教师们基于核心素养培育、“创智课堂”理念在教与学方式上的所思所行。

在此真诚期望本书能够为一线教师的课堂研究带来些许启示和帮助。囿于项目组的研究水平所限，稚拙、谬误在所难免，恳请读者不吝指正。如蒙指教，不胜感激。

本书编写组

2024 年 8 月

① 李政涛. 活在课堂里[M]. 上海：华东师范大学出版社，2023：299.

目录

1. 创智课堂视域下高中英语整本书阅读教学新样态

——以 *The Call of the Wild*(《野性的呼唤》)为例

摘要:“创智课堂”指的是创生智慧的课堂。其三要素为:学习创新、教学创新和学习环境的创新。整本书阅读教学是实现教学创新的有效途径之一。高中英语整本书阅读教学新样态为:“双师型”混合教学、“伙伴式”学习社群、“多样态”学习资源和“思维可视化”课堂。本文以 *The Call of the Wild*(《野性的呼唤》)的教学实践为例,探讨创智课堂视域下高中英语整本书阅读教学的新样态,旨在提高学生英语整本书阅读能力,发展学生学科核心素养。

关键词:创智课堂;高中英语;整本书阅读;核心素养

一、引言

《普通高中英语课程标准(2017 年版 2020 年修订)》指出,发展学生的学科素养是英语课程教学的基本理念之一[①]。阅读作为英语课程的重要方面,对发展学生的语言能力、文化意识、思维品质和学习能力都有着积极促进作用[②]。然而课内阅读因为其自身的局限,例如教材篇章的碎片化、课堂阅读时间短、文本分析时的重知识轻素养等,难以满足高中学生英语学科核心素养的要求。因此,有必要开展整本书阅读,扩充学生的阅读量,从而丰富学生的阅读体验。

二、“建构”:整本书阅读与创智课堂

英语名著凭借其地道的语言表达、真实的文化底蕴以及经典的思想主旨,成为开展英语

---

① 中华人民共和国教育部. 普通高中英语课程标准(2017 年版 2020 年修订)[S]. 北京:人民教育出版社,2020.

② 张安玲. 初中英语整本书阅读的教学实践探究——以 The Wizard of Oz 为例[J]. 中小学外语教学,2022(2):38—42.

课外阅读的重要载体。英语名著阅读的整本书阅读，有利于拓展学生的阅读视野，建构整本书的阅读体验，丰富英语学习的路径，从而提升学生的英语阅读能力[①]。为了确保良好的阅读效果，整本书阅读书本的选取要符合学生的年龄特点和兴趣爱好。对于高中生来说，整本书阅读最好选择符合他们特点的改写版的英语经典名著。此类书籍不仅阅读难度适中，而且故事情节完整、语言地道，既可以丰富学生认知，也能让学生体会英语文学之美。笔者选择了上海外语教育出版社和中国外语战略研究中心推荐的高一年级“黑布林英语阅读”系列的《野性的呼唤》作为高一学生整本书阅读书目，旨在帮助学生丰富阅读体验，发展核心素养。《野性的呼唤》是美国文学大师杰克·伦敦(Jack London)所著，讲述了从小生活在温室环境中的巴克，被偷着拐卖到原始荒野当雪橇狗。之后残酷的现实触动了巴克，唤醒了他体内的本能和潜能，从而回归自然的故事。

“创智课堂”作为杨浦区教育综合改革的核心项目，指的是创生智慧的课堂[②]。创智课堂的两大理念是“学习即创造”与“教学即研究”。在创智课堂的意义空间中，以素养的培育为主要指向目标，鼓励教师进行教学创新、学生进行学习创新，并勇于突破原有的学习形式，营造创新型的正式学习环境、非正式学习环境和数字化学习环境。

创智课堂的三要素包括：学习创新、教学创新和学习环境创新。这三个核心要素要求外语教师要对学生“学习环境”“学习过程”和“教学方式”等进行创新改造，结合已有的高中英语整本书阅读实践研究，探索创智理念下可生成、可落地的新型英语阅读教学课堂。

三、“解构”：高中英语整本书阅读教学新样态

(一) 创新 1：“双师型”混合式教学

当前，混合式教学已经成为趋势。面对目前高中英语整本书阅读缺乏数字化资源的困境，中国外语战略研究中心和上海外语教育出版社开发微慕课(WE MOOC)平台，提供一系列英语整本书阅读的示范课和课例资源。经过探索和教学实践，可以在整本书阅读教学时采取以下四种“双师型”混合教学模型(表 1)。

表 1 “双师型”混合式教学模型

常见模型	混合方式	主要实施步骤	优点	缺点
模型一：叠加式	“微慕课”+“二次教学”	播放“微慕课”课程，再实施同时间的课堂教学	实用性强，便于操作	教学针对程度不高

① 琚玲玲，王玉艳. 核心素养背景下英语小说阅读教学方法探析[J]. 中小学外语教学(中学篇)，2021(5)：18—22.

② 翟立安，孙晖，顾群等. 初中数学“创智课堂”的实践研究[J]. 上海课程教学研究，2022(11)：17—24.

续 表

常见模型	混合方式	主要实施步骤	优点	缺点
模型二：组合式	“微慕课”+小组合作讨论+教师答疑辅导	播放“微慕课”课程，针对学生存在的问题进行小组合作讨论，教师答疑辅导	教学针对性强，着力解决问题	系统性、结构性较差
模型三：嵌入式	“微慕课”嵌入即时讨论、练习+教师讲与评	播放“微慕课”课程，教师根据判断按下“暂停键”和“重复键”等，学生回答、讨论、练习，教师讲与评	教学主线明确，关注师生互动	操作难度大、难以把握课堂时间
模型四：插入式	线下课堂插入“空中课堂”资源片段	教师现场教学，于教学需要之处选用“微慕课”资源片段插入教学	系统性和实用性强	学生缺乏自主权

这四种教学模型皆有利弊。教师在具体实施整本书阅读教学时可以根据不同的课型阶段、不同的学生、不同学习任务和需求，在教学中选用适合的模型。

(二) 创新 2:“伙伴式”学习社群

“创智课堂”强调“学习即创造”，即开发支架发挥学生的主观能动性。这就要求我们建立学习社群，促进学生互动、协作和交流，从而共同创建学习资源。高中英语整本书阅读教学可以大致分为“导读课”“品析课”和“创新课”。伙伴式的学习社群可以在这三种课型中发挥不同的作用和功能。

“导读课”：引导学生以小组为单位，利用事先准备好的导读单，预测书中各章节的内容。每个小组只负责预测 1—2 个章节的内容，这样既省时高效，又能实现思考成果的汇总。

“品析课”：引导学生结合导读单在组内分享交流自主阅读的成果，与文本中的内容进行更充分、更有效的互动。这不仅能够帮助学生学习相关语言知识，也有助于培养学生获取、整合、表达信息的能力，从而加深对文本的理解。

“创新课”：通过引导学生与组员合作，创新地表达个人的观点和态度，整合讨论结果。由学生小组决定成果展示的内容和形式，并在班级展示成果。

(三) 创新 3:“多样态”学习资源

在整本书阅读教学中，教师需要整合多样态的学习资源。多样态的阅读学习资源包括但不局限于以下方面：

第一，多样态的学习环境资源。英文名著都有其特定创作背景，所以我们可以为学生创建灵活的、富有美感的、利于激发学生创新能力的课堂环境。比如针对特定主题，可以借助家庭、科技馆、博物馆、实地场景等非正式学习环境来组织开展阅读教学活动。

第二，多样态的学习材料资源。除了给学生提供纸质的整本书资源外，我们也可以尝试电子数字化资源，比如整本书的音视频资源、手机 APP 等。

(四) 创新 4:“思维可视化”课堂

思维可视化指的是利用图形图像处理技术，呈现看不见的思维结构、思考路径以及解决方法①。在创智课堂下的整本书阅读教学中，可以“善”用图片来追求思维的准确性，“巧”用视频来促进思维的深刻性，“妙”用思维导图来提升思维的逻辑性，“活”用地图来培养思维的广阔性②。

这样的课堂深入挖掘教学文本内涵，根据学生的实际学情，设计灵活多样的教学活动，营造真实的学习场景，将教师的“教”和学生的“学”的思维过程呈现出来，从而达到发展学生思维能力、提升学生思维品质的目的。

四、“重构”:高中英语整本书阅读教学实践

根据以上创智课堂创新要点，并结合前人研究③，以《野性的呼唤》为例，阐述创智课堂视域下的高中英语整本书阅读教学的具体实施。由于整本书的阅读篇幅较长，阅读可以分为以下三个课型进行:“激趣导读课”“自读交流课”和“展读创新课”。这三种阅读课型层层递进，相互关联。

(一) “导读”课激趣，激发阅读动机

“激趣导读课”的主要目的是引导学生对于整本书阅读的书本产生兴趣和阅读动力，降低阅读的焦虑感，从而保证阅读活动的顺利进行。创智课堂鼓励教师践行多样化的学习方式，鼓励学生主动调用资源，开展自主学习。因此导读课前，教师需立足学情，预判学生对阅读作品的兴趣点，引导学生利用好整本书的音视频、手机 APP 和“微慕课”等数字化资源。

1. 读看结合，感知故事内容

在导读环节，教师充分利用名著读本的封面、图片等非语言信息鼓励学生对故事进行大胆预测，不仅可以灵活培养学生“看”(Viewing)的技能，而且能有效激发学生的阅读兴趣。

在导读课中，教师可首先引导学生浏览名著的封面和封底，通过封面插图感知故事主要人物，预测情节片段;通过分析名著标题，探寻标题背后的含义;通过阅读封底说明，了解名著特色和阅读难度，减轻阅读焦虑。

接着，教师引导学生阅读名著目录，围绕各章节标题，提出问题，设置悬念，鼓励学生交流谈论、感知故事主线、预测主要情节。

---

① 林小燕. 多模态视域下思维可视化课堂的构建研究——以高中英语阅读教学为例[J]. 中小学英语教学与研究，2019(4):17—23.

② 张燕玲. 构建多模态思维可视化课堂的探究与实践[J]. 中小学英语教学与研究，2022(9):33—35.

③ 张金秀. 中小学英语整本书阅读的五点主张[J]. 英语学习，2019(7):55—57.

随后，教师给学生充足的时间浏览故事插图，鼓励学生选出自己感兴趣的插图并说明理由。浏览插图是最简单、最直接的兴趣激发手段，插图能有效激发学生的探索欲和求知欲。

例如在《野性的呼唤》整本书教学时，教师首先呈现名著封面，并提出问题：

a) What can you see from the cover?

b) Who may be the main characters?

c) Can you guess what happens to them?

接着，教师让学生浏览目录部分，鼓励学生分组预测并讨论故事情节。此外，教师还引导学生关注插图，并提出以下问题：

a) Which is your favorite picture?

b) What can you see in it?

c) What happens to the characters then?

d) Why do you like this picture?

2. 了解背景，拉近阅读距离

文学作品是作者反映社会生活、抒发内心情感的途径，作品的内容和主题与作者的生活经历、思想感情紧密相连。了解作者及作品的创作背景有利于学生品味精妙的语言，领悟作者的情感，恰当地评判主旨。在导读课中，教师应适当介绍作者的生平信息和生活经历，交代作品的创作背景，拉近学生与作者及作品间的距离。

例如，学生对作者 Jack London 并不熟悉，教师可以引导学生采取伙伴式合作模式，利用数字化资源平台查阅 Jack London 的简介和作品的创作背景，帮助学生获取如下信息：

Jack London was born in San Francisco in 1876. Life was hard when Jack was growing up and he started working when he was 10. He did a variety of jobs, some legal, others not. In his free time, he went to library and spent many hours there reading. In 1894, he went back to school and published his first short story *Typhoon off the Coast of Japan*. In 1903 he wrote the story which made his name: *The Call of the Wild*. With his earnings he bought a large farm in California, where he died in 1916.

3. 片段试读，唤起阅读渴望

片段试读是推进整本书阅读必不可少的环节。它为学生的深度阅读提供了有效切入口。通过片段试读，学生不仅可以领略并积攒书中生动、丰富、优美、地道的语言表达，而且可以感知人物的情感和性格特征，获得良好的阅读体验，减轻整本书阅读的畏难情绪。教师可从语言运用、人物刻画、情节发展等方面着手，选择精彩片段，引导学生试读文本内容。教师可以采取以下角度切入：

(1) 语言运用

教师在选择阅读片段时可侧重于语言运用，引导学生关注小说的语言特色(如简洁、质朴或严谨)、语体色彩(如口头语体、书面语体)和修辞手法(如比喻、拟人、夸张)等，使学生适应语言难度，从而体会英文名著用词之妙。例如，《野性的呼唤》属于叙事题材的小说文本，并且是以第三人称的形式呈现整个故事。

（2）人物形象和重要情节

教师还可以选取人物的外貌、动作、语言、神态和心理等描写作为阅读片段，引导学生分析人物性格，体会人物情感变化，建构人物形象，进而拉近学生与人物之间的距离。此时为学生提供教学支架尤为重要。在进行《野性的呼唤》教学时，教师利用“阅读支架”——导读单来引导学生进行伙伴式合作，从而完成对整本书故事和情节的了解。

（二）交流助“自读”，加强阅读效果

开展整本书阅读的关键在于学生积极主动的阅读态度和形式多样的读后积累。为保证自主阅读的顺利进行，教师可为学生提供阅读指导，如规划每日的阅读时间和阅读进度，教授常用的阅读方法，布置阅读任务等，促使学生养成良好的阅读习惯，获得独特的阅读体验。

1. 合理规划阅读进度

为了保障英语教学的正常进行，整本书阅读主要利用课余时间完成，所以，如何保障学生的阅读时间和阅读质量成了实施过程中最大的问题。考虑学生的课余时间和英语水平，经与学生讨论，决定用四个星期完成整本书阅读。全书共有 8 个章节，每个章节有 6—8 页的阅读量，学生每天需完成 5—8 页约 800 词的阅读。这样，学生有充足的时间品味英语语言之美，熟知故事情节，并进行个性化的阅读积累。此外，也避免了因阅读时间少、阅读量大、任务多等原因造成的弃读现象。

2. 合理传授阅读策略

（1）精读与略读同步

整本书阅读可根据故事情节发展、阅读偏好采用精读与略读相融合的模式。精读那些能够引发广泛联想、唤醒细腻感受和加深主旨理解的语句；而对一些细枝末节、无关紧要的话语可以略过，从而提高阅读效率。

（2）合理处理生僻词并巧用批注

学生在进行整本书阅读的过程中会遇见许多生词，教师应指导学生扫清生词障碍。对于严重影响上下文理解的生词，学生可查阅字典或者翻阅书本下方的词汇表；对于不影响理解的词可以适当忽略；对于影响理解的词进行批注并二次阅读。

3. 合理设置阅读任务

整本书阅读过程中的各类阅读任务有利于加深学生对于文本的理解，推动阅读的进程，从而加强阅读效果。《野性的呼唤》每个章节都有相应的阅读问题。此外，书本后面根据章节内容设置了不同形式的阅读理解题目，比如判断句子正误、阅读选择、句子排序、开放性问答等。教师可以要求学生在章节阅读结束后完成对应的阅读任务。

高阶段阅读任务旨在提升学生的思维品质，要求学生深入思考文本，充分展开分析、比

较、归纳等思维活动。例如，教师要求学生完成章节阅读报告，对各章人物或者情节进行排序和总结，如表 2。

表 2　章节阅读报告

The theft of Buck
Buck's Arrival in Alaska
Buck's first journey with Francois and Perrault
Buck's fight with Spitz and becomes the leader of the team
Buck starts to dream about the past
Buck is sold to Hal, Charles and Mercedes
John Thornton saves Buck
Buck hears the "call of the wild"
John Thornton is killed
Buck joins the wolf pack

（注：斜体划横线部分为要求学生填写的内容）

（三）"创新"建展读，呈现阅读成果

"创智课堂"主张学习的本质是人类心灵的主动构建。这意味我们要在开展整本书阅读教学时，鼓励学生通过自主探究、创造，在问题的解决过程中形成自己对于世界的理解，从而诞生精彩的理念和具身行动①。

因此，结合"创智课堂"的理念，在第三阶段的"展读创新课"教学设计中，我们需要明确：展示阅读成果是帮助学生再现阅读过程、培养良好阅读习惯的重要方式。阅读成果可以是常规的阅读知识积累，比如说在笔记本上摘抄好词好句等。而更深层次的阅读成果需要"创新"，比如：基于整本书的故事内容的情节发展图、人物关系图、名著推荐海报（图 1 和图 2）和情景剧剧本。学生通过展示以上成果，可以直接推动"思维可视化"课堂的落地。

阅读成果的内容和形式可以是多种多样的，展开方式也可以是丰富多彩的。学生可自由选择独自展示，也可小组合作。教师要勇于"创新"创设学习环境。例如，可布置阅读成果作品墙，也可创作数字化的视听作品。在名著展读过程中，教师可提供必要的建议和辅助。

---

① 陆卫忠. 创智课堂：区域推进课堂变革的杨浦实践[M]. 上海：华东师范大学出版社，2022.

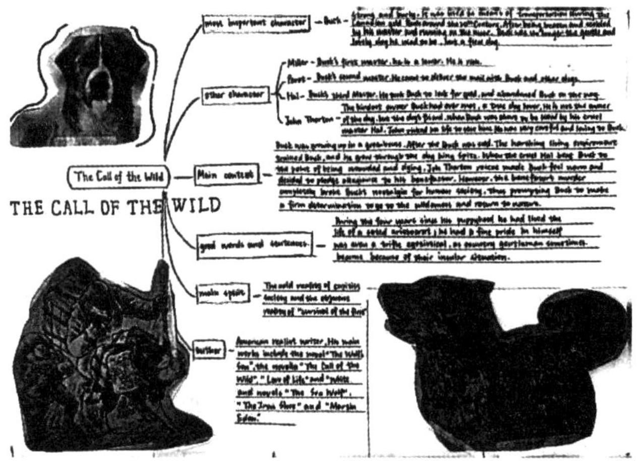

图 1　学生创新型阅读成果样例一

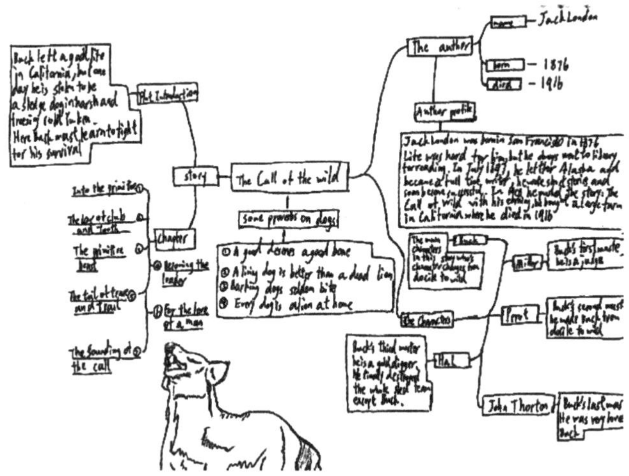

图 2　学生创新型阅读成果样例二

五、结语

于漪老师说:“要做不断超越自我的学习者。”因此,教师应基于英语学科核心素养和“创智课堂”,将整本书阅读作为课内英语教学的延伸和补充。整本书阅读,要选择恰当的阅读书目,设计科学合理的阅读辅助活动,督促和陪伴学生阅读的全过程。此外,创智课堂视域下的整本书阅读是以生为本的阅读,教师应借此激发学生的阅读兴趣,通过整本书阅读提升学生的语言运用能力,从而落实英语学科核心素养。

（本文作者:上海市同济中学　朱天逸）

2. 单元主题语境视角下的高中英语词汇教学

摘要：词汇学习一直是困扰教师和学生的难点之一，当前词汇教学面临着教学方法单一、脱离语境、机械重复等问题。以高中英语必修内容为例，基于主题语境的词汇教学实践，分析如何结合语篇主题语境帮助学生掌握词汇学习策略，并在主题语境视角下搭建符合学生理解的主题语义网，从而以此为基础建立系统的、动态的主题词汇库，让学生掌握同一主题的大量词汇，对相同主题的内涵有更好把握，提高学生的阅读理解水平。

关键词：主题语境；学习策略；语义网；词汇库

一、引言

在英语中，词汇是表达意义的最基本单位，是中学生英语学习的基础和关键，如果没有适当的词汇积累，那么语言能力、文化意识也就无从谈起。在《普通高中英语课程标准（2017年版 2020 年修订）》（以下简称《课标》）中，词汇的学习不是一种单纯的机械记忆，也不是独立的词语操练，而是“结合主题语境、在特定语境下开展的综合性语言实践活动”①（教育部，2020）。词汇教学的目标并不是让学生背出一个单词，而是教会学生其语用功能。在实际语用中，单词不会脱离语境而存在，并且单词的丰富内涵会随着使用语境的变化而随之发生改变。因此，随着对《课标》要求的深入认识，越来越多教师在词汇教学上发生着改变。

认真研读《课标》会发现在整本书中，“语境”这个词语出现了 110 处，情境出现了 44 处，单从数量上就可看出两者在英语教学中的重要性。而两者的含义与区别在何处呢？1923 年波兰语言学家马林诺夫斯基提出了“情景语境”，即语言产生时的各种实际情况。他认为语境包括情景语境和文化语境，在单元教学视角下，主题语境中的文化语境是客观的，而能帮助学生理解语言并促进语用的则是“情景语境”，即情境。基于学科核心素养的词汇教学应

---

① 中华人民共和国教育部. 普通高中英语课程标准（2017 年版 2020 年修订）[S]. 北京：人民教育出版社，2020.

该从主题语境的角度出发，将词汇置于具体的语境中，通过让学生理解语篇表达的主题意义，帮助学生掌握词汇学词策略，从而更好地在语境下理解词汇、应用词汇。[①] 本文以高中英语必修内容为例，总结了基于主题语境的词汇教学实践，分析如何基于单元主题语境处理词汇教学，提高学生理解和应用词汇的能力。

二、基于单元主题语境的词汇教学实践

《课标》对高中生词汇学习提出了具体的学业质量水平要求，在水平一和二中分别提到了要求学生能够识别出语篇为传递意义而选用的主要词汇；能在语境中理解具体词语的功能、词语的内涵和外延以及使用者的意图和表达；能在表达中有目的地选择词汇，体现意义的逻辑关联性。从学业质量水平要求反观现有的教学就会发现词汇教学只停留在识记层面远远不够。脱离语境的词汇教学不仅效率低，而且脱离应用实际，于是造成了很多高中生能正确默写词汇但是在语篇中却无法认识其内涵，从而影响对文章的理解。因此在词汇学习上，教师需要一个抓手来帮助学生更好地认识词汇含义，而单元主题下的主题语境为教师创设了良好的语言学习载体。主题为语言学习提供主题范围或主题语境，语篇则赋予语言学习以主题、情境和内容。单元的教学内容是编者按其对主题的理解提供给学生进行学习的载体，选材和呈现自有编者的理解逻辑。在缺乏相应知识和能力的情况下，教师就需要按照学情来帮助学生在他们现有认知能力的基础上去理解主题，并在此理解的基础上通过一系列课堂活动来帮助学生掌握词汇学习策略，进而更好地理解词汇，理解这些词汇所构成的语篇的含义。

（一）在单元主题语境中培养学生词汇学习策略

教学的最终目标是教会学生如何自主学习，学习能力的提高取决于一个学生是否有良好的学习态度和学习策略。学习策略主要指学生为促进语言学习和语言运用而采取的各种行动和步骤。学习策略的有效运用是学生发展学习能力的重要前提，也是能力养成的标志之一。在课堂教学活动中，教师应该有意识地对学生进行学习策略的培养。就词汇教学而言，教师可以通过设计不同的课堂活动，引导学生学习并使用各种不同的词汇学习策略。《课标》中对策略内容要求的具体描述为：(认知策略)在语境中学习词汇和语法；通过分类等手段加深对词汇的理解和记忆；通过构词、话题词等方式建构词族、词汇语义网，扩大词汇量；在听和读的过程中，借助情境和上下文猜测词义或段落大意。基于上下文猜测词义和建构词汇语义网都是非常重要的认知学习策略，在授课时教师通过利用主题语境帮助学生掌握一定的相关词汇学习策略对学生提高词汇学习效果和学习能力有重要意义。

---

① 何亚男，应晓球. 落实学科核心素养在课堂・高中英语词汇教学[M]. 上海：上海教育出版社，2021.

语境比情境的内涵丰富，教师创设情景语境的同时，也需要引导学生关注文化语境，这一点尤其是在阅读教学的时候需要注意。在课堂中设计教学活动，指导学生利用上下文中的近反义词、逻辑线索、标点符号、句间关联等来推测词汇的意义，以培养学生“上下文猜测词义”这方面的词汇学习策略①。教师可以通过以下几个步骤帮助学生理解词义：认识文章的文化语境或者写作背景；观察词汇在句子中的词性；观察该词与附近词汇的关联；观察所在句子与前后句子在结构和意义上的联系；利用以上步骤得到的信息猜测词义，并替换原词带入句子，在上下文中检验逻辑是否正确。下面通过一个教学案例来看具体语境中的猜测词义的策略在教师引导下是如何实施的。

案例1：《英语(上教版)》高中必修第二册 Unit 1　*No Limits Reading Blame your brain*

目标词汇：pressure; impress; show off; fit in; statistics

活动目的：结合主体情境，理解目标词汇

活动素材：

Pressure from friends

Have you ever taken a risk to impress your friends? Even teenagers who are not usually big risk-takers may suddenly do something dangerous because they want to show off or fit in. If you look at statistics, boys often take more risks than girls, perhaps because they don't want to look bad in front of their friends—though girls dislike that too. Boys are more likely not to wear seat belts, more likely to get into an argument or a fight, and more likely to smoke and drink. But is taking risks really the best way to get people to respect, notice and like you?

(《英语(上教版)》高中必修第二册 Unit 1　*No Limits Reading Blame your brain* 课文原文片段)

活动步骤：

教师合理设计问题，用目标词汇提问或引导学生用目标词汇作答，在此过程中帮助学生认知目标词汇和理解文本内容。

1. 让学生读这一段的同时回答一个疑问，段首问句的作用是什么？学生答后引出下文，即 Why and how people take risks to impress others?

2. 引导学生识别 impress, show off, fit in 的词性，因 to do 结构比较容易识别出是动词。

3. 本段最后一句问句作用既是承上启下，又是加强了语气，回答了段首的疑问。引导学生思考哪些动词能解释 impress? 提示学生去观察前面讨论的两句问句的肯定句结构(take

① 梅德明．普通高中英语课程标准(2017年版2020年修订)教师指导　英语[M]．上海：上海教育出版社，2020.

risks to impress your friends, taking risks is the best way to get people...),并提问:Why do people take risks or do anything dangerous? 引导学生回答出“to show off 或 to be respected, noticed and liked.”即可得出 impress somebody 就是 to get people to respect, notice and like somebody。

4. 学生能理解 impress 之后就容易理解 show off 和 fit in,并且提示学生关注逻辑词“because”,再联系上下文,容易得出两者的意思分别为“炫耀”和“合群”。

5. 处理 statistics 时,先提示学生阅读文章下方的注释,注释表明这是一篇科学文章,科学文章的特点为准确性。随即提问:How do we draw a conclusion like this in a scientific way? 教师引导学生思考类似结论一般通过科学性实验(experiment)或者数据(information shown in numbers)得出,而本文是 By looking at statistics. 以此可推断出 statistics 解释为统计数据。

6. 最后,引导学生联系上下文找出哪些行为具体体现了“take risks”,可得“do something dangerous, not to wear seat belts, get into an argument or a fight, smoke and drink”,而这些都是负面举动,因此能推断出从朋友那得到的影响是比较负面的,从而解释 pressure 是压力。

教师在课堂话语中应实时注意反复出现的目标词或词块,不断让学生在主题语境中感知词和词块的语义,既加深了学生对文本的理解,也帮助他们建立意思与准确使用间的连接,特别是词块的正确使用。比如在经过以上教学环节后,学生自然能理解并会使用 show off, fit in, impress sb, take risks to do 等词块。

(二)通过话题语义网建立主题词汇库

语义网络是将语义上相互关联的词汇和短语集合起来,这种动态的、联合的语义网为学生理解、记忆和使用词汇提供了方便。英国语言学家 Joanna Channell 就从心理语言学角度肯定了语义网理论在词汇学习中的作用。她证明了词汇在心理词典中是按词的语义编排的,因此脱离语境,孤立地进行单词背诵并不科学。因此,在主题语境视角下搭建符合学生理解的主题语义网,并以此为基础建立主题词汇库,是一种非常有效的英语词汇学习方法。

主题语境为词汇学习提供意义语境,使得词汇学习不再是单纯的枯燥记忆,也不是独立的词语操练。普通高中英语课程包含人与自我、人与社会和人与自然三大主题语境。每个语境下又有多个子主题,这些内容涵盖了学生能接触到的自然、社会和生活各方面。教师可以指导学生围绕这些比较小的主题,根据自身的生活、兴趣爱好和对这一主题的实际理解,进行相应主题词汇的分类整理。随着学习的不断深入,学习内容的丰富扩大和认知水平的提高,教师可以帮助学生在探究相关主题时不断对词汇库进行更新、整理和补充,使每个同学都能建立起自己的主题词汇分类库,并进行记忆和应用。下面的案例是学生通过构建主题语义网搭建子主题,并将多个子主题搭建成一个主题词汇库。

案例2:《英语(上外版)》高中必修二册 Unit 1 和 Unit 2

第二册第一和第二单元的主题分别是Nature(自然)和Animals(动物),在语义网中可以将两个单元部分词汇联系起来,加入"人与自然"的大主题。教师可指导学生根据自身理解将主题分为多项子主题,把相关话题的词和词块分类整理并记忆。如:

(人与自然主题词汇)

昆虫与植物	N. organism, insect, creature, species, paradise, moth, worm Adj. splendour, delicate, miraculous, aflame, native, rare V.(正) bud, restore, renew, connect, feed on, flourish, take time for balance V.(负) wither, disappear
人与自然	N. beyond repair, tragedy, conservation, landscape, wonderland Adj. cruel, gloomy, romantic, positive V.(正) appreciate, preserve, be thankful to nature, become aware of nature, affect one's moods, have a positive effect on our lives V.(负) tear up, use up, destroy
动物	N. welfare, concern, habitat, threat, illegal hunting, extinction, endangered species, penguin, feather V. adjust to, release ... back into, migrate to, peck

在上文的表格中两个单元的Nature(自然)和Animals(动物)词汇重新按照一定语义逻辑编入了词汇库的子主题中。主题下的词和词块按照词性整理,并且按照主题意义整理出相应正面和负面词或词块,使得逻辑更通顺,也更方便记忆。

不同学生的文化背景知识和逻辑理解各有不同,因此每个学生的主题词汇库中子主题的设计也会不同,但是每个子主题间应该有内部逻辑关联,教师可以鼓励不同学生之间相互交流。比起按照字母顺序孤立地背单词,这种网格化的系统记忆更加有效率。教师引导学生利用语义网建立词汇库,并在此过程中使词汇的记忆网络化、系统化,重要的是这是一个动态的主题词汇库,需要学生能在之后的学习中关注与该主题相关的词汇,根据逻辑连入词汇网络,不断更新扩大自己的词汇库。

(三) 通过教学活动的设计使用词汇库

在已经建立主题词汇库的基础上,下一步就是在语言输出环节帮助学生复现习得的词汇。具体实施途径是在教学中设计具体情境中的交际任务,通过读、写、说等方式,促使学生在理解词汇的基础上进一步使用所学词汇进行语言实践。

案例3:《英语(上外版)》高中必修二册 Unit 1

设计意图:活动1旨在利用语义图整合文本内容,帮助学生进一步理顺词汇语义网中词与词块的内在逻辑，引导学生进一步在语境中巩固和加强对目标词汇的理解和应用。活动2旨在深入单元主题，运用目标词汇强化语言实践。

目标词汇：案例2中"人与自然"主题相关词汇

教学活动设计1：

Guiding Questions:

1. Why do people appreciate nature?（为什么人们欣赏大自然？）
2. However, what have people done to nature?（然而，人们又对大自然做了些什么？）
3. So what should we do?（所以我们应该做些什么？）

引导学生思考，并口头回答这几个问题，同时，教师根据学生的回答在黑板上绘制出语义导图，如图1所示。

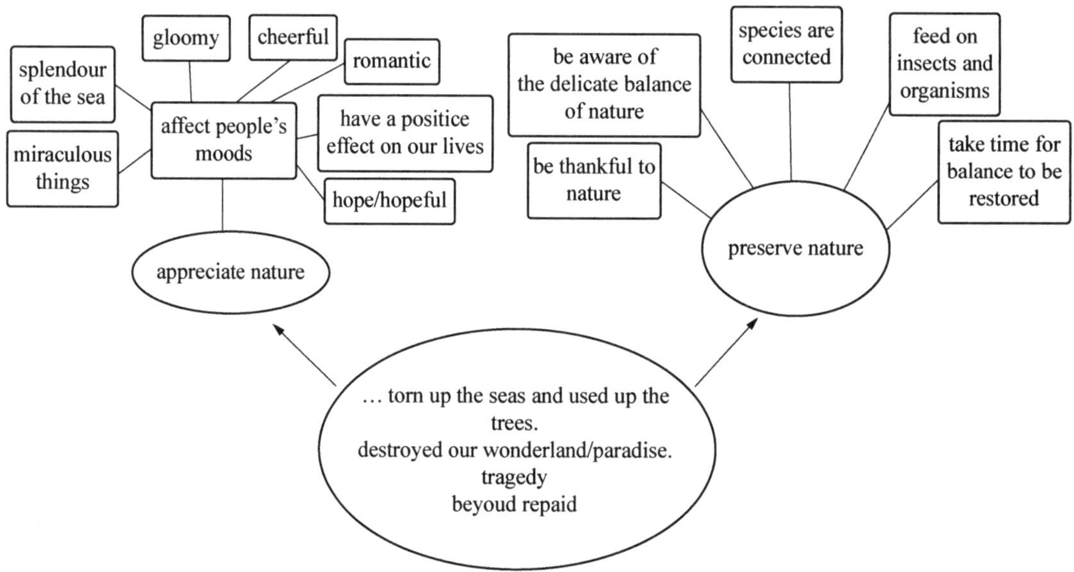

图1　单元主题词汇组成的语义导图

在具体教学中教师可以引导学生把语篇内容用图示的方法表现出来，上述语义导图可以帮助学生对单元主题内容和词汇建立联系，促使学生使用相关词汇，对主题内容的理解也更加全面和深刻。

教学活动设计2：

Design an Ecotourism Poster for a Local Wetland.

Directions: Divide the whole class into 3 groups. Each group represents a travel agency and designs an ecotourism poster for a local wetland. Each group can choose some of the pictures given by the teacher for the poster.

图 2　单元作业设计用图

这两个活动都是在阅读文章后的阶段实施，意在让学生在深入理解课文的基础上巩固词汇，在综合语言实践中运用词汇。以上所有教学活动的最终目的是在语境中提高学生的语用能力，核心是在情境主题的帮助下使词汇教学立体化、系统化，让学生在实际语境中学习并使用词汇，加强语块意识和词汇运用能力，落实英语学科核心素养的培育。

总而言之，在主题语境的视角下，通过一系列教学活动，希望形成如图 3 所示的基于主题语境的词汇学习过程：

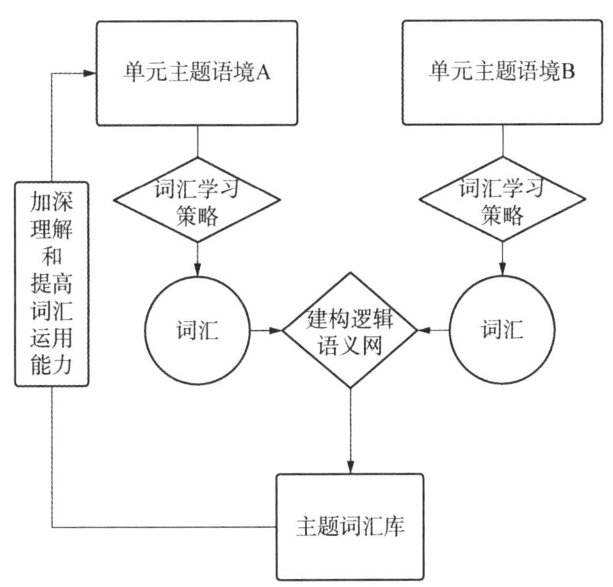

图 3　主题语境词汇学习流程图

三、结语

词汇教学不能脱离主题语境而进行机械性练习，在《课标》的指导下，教师应该重视单元主题所构建的现成语境，在此基础上指导学生掌握词汇学习策略。通过引导学生根据理解建立主题语义网，搭建不同子主题后进而构建个性化、动态的、系统的主题词汇库，帮助学生提高词汇学习的效率，加深学生对语篇和单元主题的深入理解，最终将词汇学习变成真正有意义的语言实践活动。

基于主题语境的词汇教学以语篇为载体，以语境为依托，以主题词汇库为抓手，以理解和运用为目标，加强了词汇学习的关联性、综合性和实践性，有效提高了学生词汇学习的效果和语用能力。

（本文作者：上海市复旦实验中学　曹婧筠）

3. 创智课堂中如何创建学习情境

——以有机化合物结构教学“苯(第1课时)”为例

摘要:创智课堂即创生智慧的课堂,旨在促使学生获得“真理性认识”的同时,能够“转识成智”,实现人性的自由发展。在创智课堂中,学生通过自主学习、交流、合作和创造等方式进行学习活动,而教师则充当引导者和促进者的角色,为学生提供良好的学习情境和学习体验。本文以有机化合物结构教学中的“苯(第1课时)”为例,探讨了在创智课堂中如何创建以化学史为主线的学习情境,以满足学生获得“真理性认识”的需求,并讨论了如何通过创新实验方式赋能学生的探究学习,促进“转识成智”。

关键词:创智课堂;学习情境;有机化合物教学;苯;化学史

课堂变革被视为课程改革取得实质性突破的关键。上海市杨浦区将课堂教学转型作为推动教育变革的核心环节和主阵地。[①] 创智课堂的实践探索是杨浦区“基础教育创新试验区”建设中的重要举措之一。[②] “创智课堂”(Innovation and Intelligence Classroom)是一种以创新、智能为核心的教育理念和教学模式,目的是提高学生的学习效果和个性化发展。它与传统教育区别明显。在“创智课堂”,学生不是被动地接受知识,而是通过自主学习、交流、合作、创造等多种方式,自主地开展学习活动。同时,教师也不再是传统意义上的讲师,而是更多地担任引导者和促进者的角色,为学生提供良好的学习体验和发展环境。教学情境是教学具体情境中有关认知逻辑、情感、行为、社会和发展历程等方面背景的、具有文化属性的综合体,也是解决学生认知过程中的形象与抽象、感性与理性、理论与实践及旧知与新知的关系和矛盾的师生互动关系的载体。核心素养培养理念下化学史与探究学习在化学教学中占

---

① 安桂清.区域性课堂教学转型的行动与使命:上海市杨浦区的案例研究[J].教育发展研究,2019,39(18):17—24.

② 白春英,王喜贵.化学课堂教学中的观念建构及实践研究——评《基于学科核心素养的化学教学课例研究》[J].中国无机分析化学,2022,12(01):196.

有很重要的一席，科学家的科学探究与学生的科学探究的本质一致性决定了本节课的教学设计。①

一、案例背景

"化学史话"是教材的组成部分之一，"苯"的教学以化学史为引入情境，以化学家探究苯的历程为主线，以学生自主构建知识为前提进行。通过化学史的境脉结合实际教学内容，基于化学史针对探究学习的构成要素进行学生探究学习的教学设计，能有效促进学生的探究学习。"苯"是沪科版《选择性必修3　有机化学基础》中第2章第2节《芳香烃》第1课时，属于有机化合物的知识范畴。"苯"是在学习过烷烃和烯烃的基础上学习的，它有饱和烃与不饱和烃的性质，但又存在明显差异，是新的一类烃的代表。"苯"的学习，既能够一脉相承地在烷烃、烯烃、炔烃的基础上开展，比较异同，又可以结合化学史和苯在生产生活中的作用，让学生感受到"结构决定性质"的化学学科特色，而且可以在探究学习的过程中，培养学生"证据推理与模型认知"的核心素养。

二、案例分析

（一）基于化学史进行情境教学设计的可行性分析

从"苯的发现"化学史上我们可以发现，化学家们一般耗费了较长时间来对未知世界进行探究，其目的是发现科学原理和规律，建立科学理论，而学生的探究一般是在课堂上花费较短时间对科学家已发现的科学原理、规律和理论进行探究，目的是理解科学知识、掌握科学方法，是一个知识的再生产过程。学生的探究可以站在巨人的肩膀上，而不只是重复科学家的步伐。比如从法拉第的发现中知道苯的用途，从米希尔里制备的方法中比较物理提取和化学提取的区别，追溯日拉尔燃烧法测量苯的分子式等。

根据化学史的境脉，学生在老师的引导下对苯分子的结构进行探究。在这个过程中需要学生有化学史知识作为理论依据，如：苯分子中只有一种氢原子，苯分子是正六边形。进而通过实验探究发现苯分子中不存在典型的碳碳双键和碳碳三键，为进一步探究这个不饱和烃打开研究的思路。

（二）基于化学史进行情境教学设计的方法与策略

化学史料情境蕴含科学思维和科学研究方法，学习化学史就是真实再现理论产生的过

---

① 丁佐俊.挖掘"化学史话"教育价值的教学设计——以高中《化学选修5》"苯的结构"的教学为例[J].实验教学与仪器，2015,32(C1):37—39.

程。基于化学史料的教学，关注化学理论的历史嬗变过程，引导学生寻找事实证据论证科学家的重要结论，建立结论和证据之间的逻辑关系，提升基于证据推理的学习能力，理性看待科学发展过程中的争议，甚至错误①。

1. 设计化学史实，创设“提出问题”的情境

探究学习是基于问题为中心的学习模式，而问题是具有一定情境性的。科学家在开始进行研究时，也是在某些情境问题的引发下，经过周密的实验设计才揭开了自然界的许多奥秘。本例教学设计如下：

【情景导入】同学们，在我们所知道的科学家里，英国的法拉第是一位物理学家，但是他在化学上也有卓越的贡献。比如我们今天讲的苯最早就是由他发现提取的。(视频 CCTV－10《探索·发现》1825 年法拉第分离出苯)提取物质的方式除了物理方法，还有化学方法，1834 年德国科学家米希尔里通过化学方法得到了苯，他蒸馏苯甲酸和石灰的混合物得到碳酸钙和苯。米希尔之后，1835 年日拉尔发现了苯由 C、H 两种元素组成，含碳量高达 92.3%，密度是同温同压下乙炔(C_2H_2)气体的 3 倍。进而确定了苯的相对分子质量和分子式，请你根据以上信息计算苯的分子式。

2. 补充已有结论，提供问题解决的资料

资料的收集是探究学习的重要环节，收集的途径也有多种，由于课堂上的探究学习受到空间与时间的限制，学生通常并不能得到有效的资料。因此，需要教师提供一些与此有关的有用资料让学生去分析和处理，有效地帮助他们完成探究学习②。倘若这些资料能在历史情境中出现的话，学生将会觉得这样的探究更有意义，也更有兴趣将探究进行到底。本例教学设计如下：

【学生活动】学生们通过计算得出苯的分子式 C_6H_6，并写出苯可能的结构简式。(如图 1)

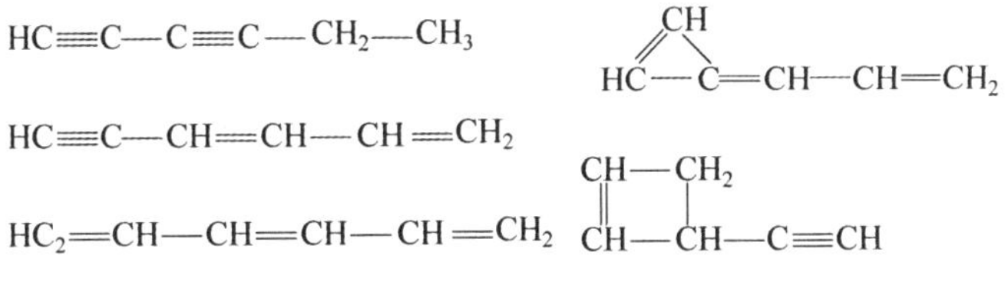

$HC{\equiv}C{-}C{\equiv}C{-}CH_2{-}CH_3$

$HC{\equiv}C{-}CH{=}CH{-}CH{=}CH_2$

$HC_2{=}CH{-}CH{=}CH{-}CH{=}CH_2$

(三元环) CH / HC—C=CH—CH=CH_2（CH 与 HC 以双键相连）

(四元环) CH—CH_2 / CH—CH—C≡CH（左侧两 CH 以双键相连）

图 1　根据分子式推测苯可能的结构简式(一)

【情境导入】科学家发现在三溴化铁($FeBr_3$)的催化下，苯与液溴发生反应生成的苯的一溴取代物只有一种结构。通过现代核磁质谱仪技术，发现苯分子中只存在一个吸收峰。这又说明了什么呢？你能据此推断出苯分子的结构吗？

---

① 杨玫. 基于化学史的探究式教学模式的实践研究——以“苯”为例[J]. 科技视界，2021(25)：127—129.

② 卜晓仟，朱燕秋. 苯的溴化反应实验改进[J]. 中学化学教学参考，2021(07)：55—56.

【小结】苯中含有6个等效氢原子。

在发现了苯,提取苯之后,学生需要基于“同分异构现象”推测苯的多种结构,在已经罗列的结构中,需要借助化学知识和实验来证明。这是一个很好的过渡。根据化学史实的提示,学生很快能得出苯可能的结构(如图2)。

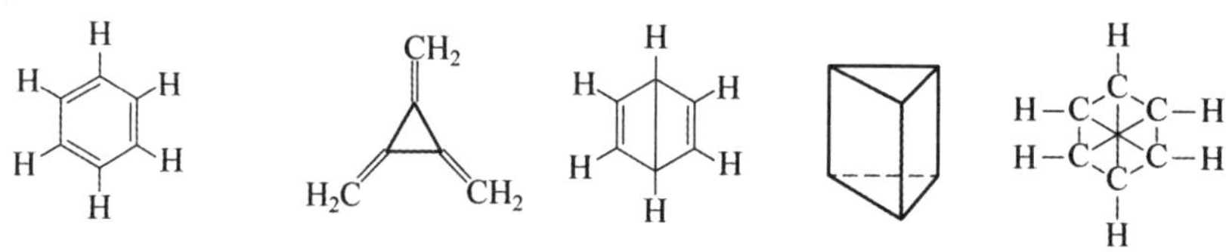

图2 根据分子式推测苯可能的结构简式(二)

【情境导入】1835年科学家詹斯通过X射线衍射技术发现了苯分子呈正六边形结构。而1865年科学家凯库勒提出了苯的凯库勒式(如图3)。请问二位科学家的理论相符吗?

【回答】不相符,凯库勒式并不合理,因为碳碳单键和碳碳双键键长不同,凯库勒式不是正六边形。

【小结】苯分子呈正六边形。以上所推出的结构都不正确(如图4)。

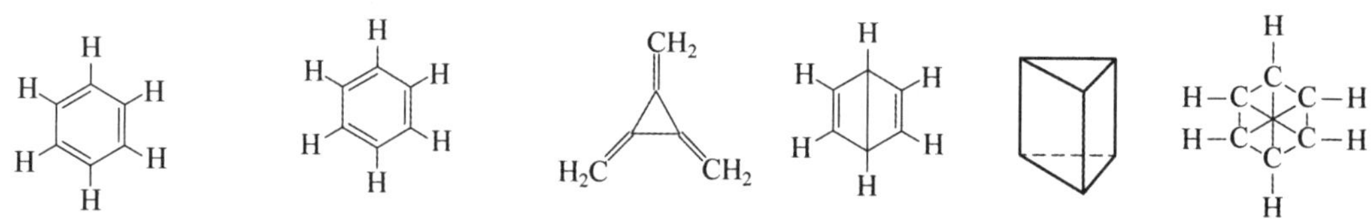

图3 苯的凯库勒式

图4 苯可能的结构简式

3. 体验科学探究过程,动手验证实验

猜想与假设是科学探究过程中关键的一环,化学史中有大量生动的事例指出,化学大师们是如何熟练而巧妙地运用猜想与假设这些科学方法来取得重要成就的。化学教师如能利用这些事例重现科学家提出假说和验证假说的探究过程,就可以让学生充分了解猜想与假设是科学探索的必经阶段,是正确认识客观规律的途径和有效手段。

【情境导入】从苯的分子式我们知道苯是一个不饱和烃,那么不饱和烃的典型反应是什么呢?如何验证呢?

【回答】加成反应。探究苯能否使酸性高锰酸钾和溴水褪色。

【学生实验】苯和酸性高锰酸钾、苯和溴水的反应

【小结】苯和酸性高锰酸钾溶液不反应;苯和溴水不反应,液溴溶解在苯中。苯分子不具有典型的碳碳双键和碳碳三键的性质。

本段教学打破学生对不饱和烃的旧知，对于苯的结构做进一步探究和思考。在否定了典型的碳碳双键和碳碳三键之后，学生会猜想碳碳单键。为下一环节的探究苯的取代反应和加成反应做铺垫。

4. 改进经典教材实验，拓展创新能力

化学家的每一个结论都是经过精心的实验设计，得出实验事实后再通过严密的逻辑推理得出来的。教师可以选择那些原理和操作方法较为简单的经典实验，组织学生按化学家的方法重新演示。在实验的展示过程中，学生感受到了科学的神奇和成功的快乐，感受到了科学家在实验设计时超人的聪明才智和对科学一丝不苟的精神。可是，本节课的逻辑是为了发现苯分子的结构，并不适合直接演示苯和液溴的取代反应，师生可以设计探究实验，改进课本实验，拓展实验创新能力。

【演示实验一】实验药品和仪器：氯气的苯饱和溶液、试管、氯气采气袋、Vernier 气压传感器、Vernier 数据采集器、导气管。

实验原理：

$$C_6H_6 + 3Cl_2 \xrightarrow{\text{紫外线}} C_6H_6Cl_6$$

实验步骤：在试管中加入 1 mL 氯气的苯饱和溶液，再用氯气采气袋通入一定量氯气，试管内气体颜色变黄绿色时，停止通入。连接压力传感器，再用紫外光灯照射。实验现象：氯气和苯在紫外光照的条件下发生反应。实验结果：氯气和苯在紫外光照的条件下，气体颜色变浅，产生白色物质，溶液颜色变浅，反应容器内压强减小。（如图 5）

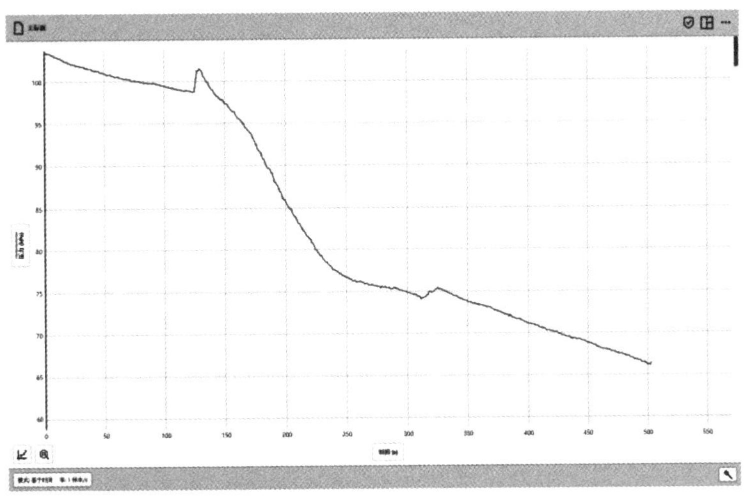

图 5　苯和氯气反应容器内压强随时间变化关系图

【小结】苯和氯气发生加成反应。

学生在验证苯的取代反应中打破思维定式，并且通过气压变化的角度发现苯和氯气反应的类型，得出苯中存在不饱和结构的特征。打破原有认知、思维定式，培养学生探究验证实验的方法，可以通过检验产物，也可以通过判断气压变化，并结合氯气易溶于苯的性质，具体情境具体分析。

【演示实验二】实验药品和仪器(如图 6)：氯气、铁丝、苯、四氯化碳、注射器、医用三通阀。

实验原理：

$$C_6H_6 + Cl_2 \xrightarrow[\text{Fe}]{\text{光照}} C_6H_5Cl + HCl$$

实验步骤：旋转阀门 A，把②中苯通入①中，用 LED 手机光源灯照射。苯和氯气在铁催化下充分反应。把①中反应后液体产物通入②，气体产物通入③。把③中气体排出，用湿润的 pH 试纸检验。实验现象：pH 试纸变红，且不褪色。

【小结】苯和氯气发生取代反应。

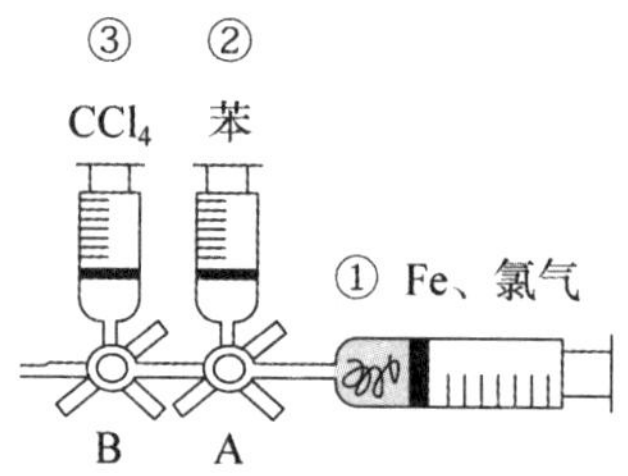

图 6 苯和 氯气发生取代反应的装置设计

该装置可以实现苯和氯气光照条件下的反应。既可以在独立的反应装置中进行固液反应，又可以及时分离气液产物，连通洗气装置，分离出氯化氢气体，验证苯和氯气的取代反应。且整个装置封闭无污染，又是微型实验，能够减弱对实验师生的健康危害[①]。通过归类比较、分析综合、归纳演绎、概括抽象等方法，找出事实证据之间的本质联系和内在规律，从而形成科学结论。这是一个高水平的思维过程，同时也是学生形成超越已有知识的新的理解、实现认识质的飞跃的过程。因此，借助教材经典实验，在学生的认知基础上做创新，可以很好地发展学生分析并组织信息从而得出最后结论的能力。

通过以上教学环节，结合化学史的线索、探究活动的线索，学生们一起得出苯分子中碳碳键的特征：苯分子中碳碳键是一种介于单键和双键之间的一种特殊的化学键。至此完成整节苯分子结构课的闭环(如图 7)。

---

① 杨玫. 基于化学史的探究式教学模式的实践研究——以“苯”为例[J]. 科技视界，2021(25)：127—129.

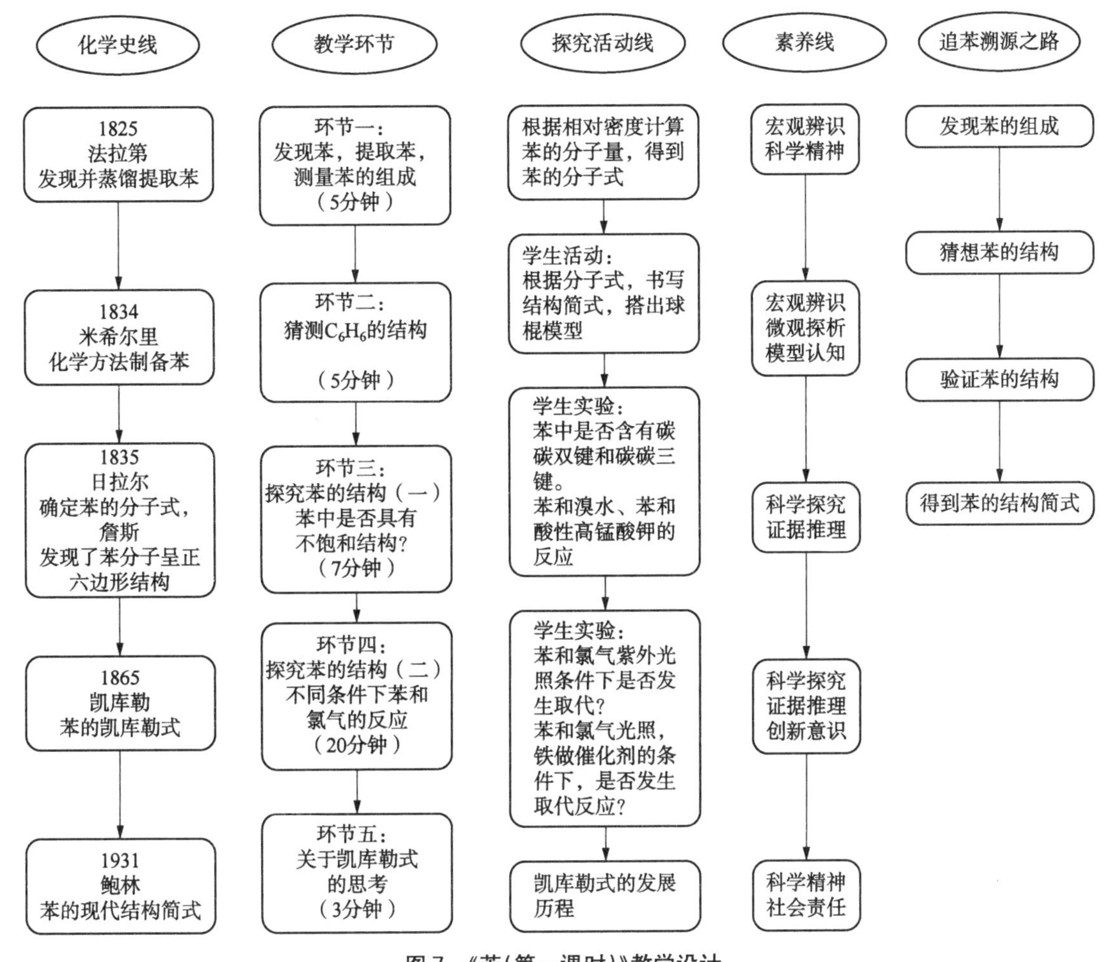

图 7 《苯(第一课时)》教学设计

三、结论与反思

（一）做有意义的探究，提高探究过程中形成结论的能力

“创智课堂”要求学生处于一种自主性、创新性的学习状态中。教师不再进行传统意义上的讲课，而是任由学生根据个人学习计划自由安排学习时间，不同的学生通过不同的方式开展学习活动，如说课、小组讨论、实验室体验等。基于情境教学的化学探究，环环相扣。探究结论是在事实证据的基础上通过一定的思维方法，分析论证而得出的。化学发展史上的每一个科学结论的获得，都是化学家们通过获取和处理大量相关信息后，在大量的科学验证和严密的推理论证基础之上得出的。基于化学史的探究学习教学设计可以让学生跟随科学家的研究思路，在收集大量证据的基础上，对事实与证据进行加工与整理，找出它们之间的

相互联系和因果关系，找出事实证据与假设之间的关系。通过创新实验、归类比较、分析综合、归纳演绎、概括抽象等方法，找出事实证据之间的本质联系和内在规律，从而形成科学结论。这是一个高水平的思维过程，同时也是学生形成超越已有知识的新的理解、实现认识质的飞跃的过程。因此，借助化学史实重现科学家的研究过程，可以很好地发展学生分析并组织信息从而得出最后结论的能力。在本例教学设计中，学生顺着科学家们和自己的探究过程可以很自然地得出苯分子特殊结构的结论。

（二）“教、学、评”一体化，提高学生评价与反思能力

教师在“创智课堂”中不再只是传统意义上的讲师，而是通过主题式、项目式等发展性教学模式，为学生提供更加优质、个性化的教学服务。教师通过引导和指导，帮助学生建立知识体系和思维方式，在教学的过程中涉及到各个学科领域，更加多角度地提高学生的视野和思维水平，学生通过不同方式的学习，不仅仅掌握了知识，更实现了知识的跨学科整合和拓展。反思与评价贯穿于整个科学探究学习过程之中，是提高学生科学探究能力的关键。探究过程中，教师可引导学生分析评价化学家在科学研究时的成功与错误，促使学生用辩证的观点认识化学的发展过程，引导学生分析化学家如何在研究中进行自我反思，培养他们多角度、多层次地对问题进行全面分析与思考的意识。如“苯”教学过程中对凯库勒式的否定。但是应在课后给同学们提出思考：为什么凯库勒式是错误的，却成了我们表示苯的经典方式？

（三）融入学科思维，提高学生化学学科的核心素养

“创智课堂”教育注重学科内涵的建设，而不是单纯追求教学效果。在“创智课堂”中，重视知识的全面推进，强调学科之间的联动和综合性知识的教学，既关注知识规范的传递，也能提高知识的综合能力和思考能力，培养学生的创新意识和创造力。

“结构决定性质”是有机化合物结构教学的灵魂。探究有机物结构的过程其实就是模仿科学家探究的过程。故借助于科学家的研究历程可以为学生的探究学习找到探究的素材、分析问题的思路和解决问题的方法，为学生进行知识的意义建构找到捷径，在探究过程中提高他们的科学素养。以化学发展历程为线索进行教学设计，有助于进行科学方法教育。

（四）持之以恒，探索教学工具和教学方法的创新应用

教学创新是创智课堂的三大要素之一，教学工具与教学方法创新是教学创新的题中之义。在本研究中，学生利用现有设备自主设计，并进行手持数字化实验与微型实验，取得了良好的效果。压力传感器的应用可以提供直观的实验数据展示，促使学生从定性到定量的研究思维转变；微型实验有效降低了潜在污染风险，并为部分危险课堂实验的开展提供了可

能性，应用前景广阔。未来将探索更多优质创新实验，为新的教学工具和教学方法的应用提供坚实保障。

（本文作者：同济大学第一附属中学　刘林青；上海市浦东新区进才森兰实验中学　陈诚）

4. “学会学习”视域下运用元认知策略提高学生地理学习力[①]

摘要：地理教学需要培养学生“学会学习”素养。学习力是学习型社会中个体应具备的最核心、最本质的能力。地理学习力是学习力的地理学科化，是“学会学习”素养形成的“增长极”。地理学习力包括地理学习动力、地理学习毅力、地理学习能力、地理实践力、地理反思力和地理创新力等。元认知策略是提升地理学习力的关键：通过建构知识网络、搭建学习支架，促进深度学习；通过创设真实情境，激发学习兴趣，提升地理学习动力；通过问题驱动、对话协作，培育学生的高阶思维。

关键词：学会学习；元认知；地理学习力

《中国学生发展核心素养》指出，“学会学习”是学生发展的六大核心素养之一，其包含“乐学善学”“勤于反思”等二级素养，是学生提高学习效能及促进持续发展的必要条件。然而，调查表明，教师对“学会学习”的认识不足，导致了学生学习力低下[②]。地理课程作为高中课程的重要组成部分，在地理教学过程中，应该如何更好地培养学生“学会学习”素养，使学生地理学习力真正提高？本文运用元认知观点分析造成地理学习力低下的原因，并采取相应策略，以提高地理学习力，培养学生“学会学习”素养。

一、地理学习力的内涵

（一）学习力的概念与组成要素

学习力是把知识资源转化为知识资本的能力。学习力是由学习方式、学习效率、学习态度、

---

① 本文系上海市杨浦区2021年度教育科学研究一般课题“地理学科核心素养视域下地理学史融入高中地理教学的行动研究——以‘行星地球’单元为例”的阶段性成果。

② 陈宗荣.应用元认知干预技术提高物理教学效能[J].福建教育，2015(45)：17—19.

创新能力、学习毅力组成的,其本质是获得创新的成果。① 学习力在现代社会中非常重要。它是个体适应知识社会、促进个人和职业发展的关键能力之一。阿尔文·托夫勒指出,未来的文盲不是不认识字的人,而是不会学习的人。② 北师大的裴娣娜也指出,学习力是学生的生长力。③

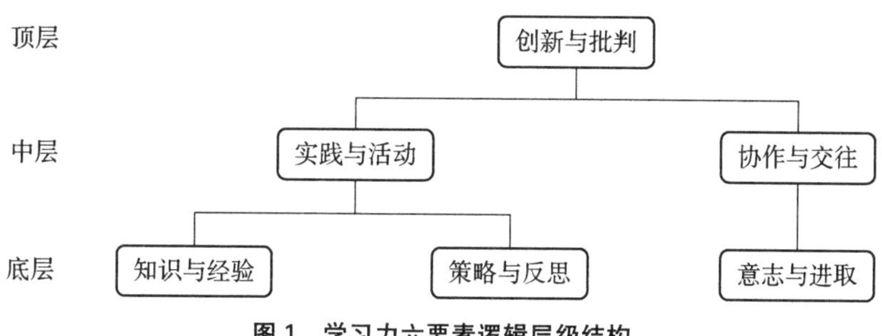

图1 学习力六要素逻辑层级结构

学习力分为六个要素、三个层次:位于顶层的是创新与批判,属于高阶思维能力。位于第二层的是实践与活动、协作与交往。它们是学生提高学习力的方法。位于底层的是知识与经验、策略与反思、意志与进取,它们是构成学生学习力的基本要素。这六个要素相互交融,相互联系,构成了一个有机整体。

(二) 地理学习力的概念与组成要素

地理学习力是学习力的地理学科化,结合学习力的概念与地理学科的特点,笔者认为,地理学习力主要包括地理学习能力、地理学习动力、地理学习毅力、地理创新力和地理反思力等。

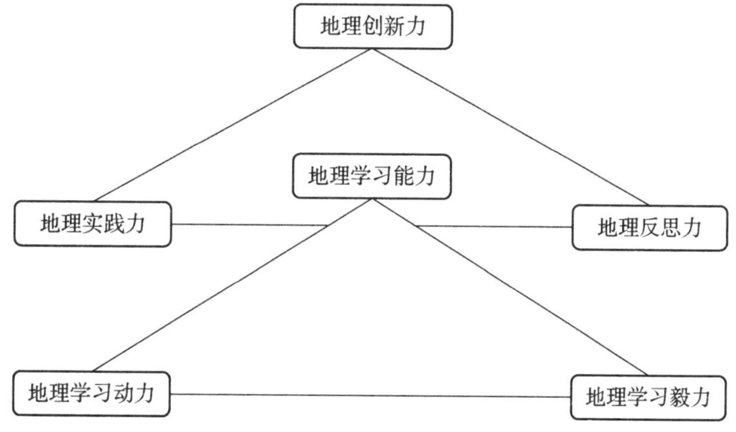

图2 地理学习力主要构成要素及其层级结果

---

① 托夫勒. 未来的冲击[M]. 黄明坚,译. 北京:中信出版社,2018:364.

② 柯比. 学习力:哈佛大学对学习能力问题的最终解决方案[M]. 金粒,译. 广州:南方出版社,2005:1.

③ 裴娣娜. 学习力:诠释学生学习与发展的新视野[J]. 课程. 教材. 教法,2016,36(07):3—9.

地理学习能力是指学生在学习地理学科时所具备的能力和技巧，包括理解地理概念、分析地理数据、运用地理信息技术、解决地理问题以及理解和解释地理现象的能力。这涉及对地球表面特征、地理过程和地理系统的理解，以及对地理知识的应用和整合。

地理学习动力指的是学生在学习地理时的内在动力和动机，包括兴趣、学习目标、学习动机和学习态度等。这些因素可以影响学习者的学习效果和学习体验，激发他们积极参与地理学科的学习和探索。

地理学习毅力是指学生在面对困难、挑战和学习障碍时坚持不懈、努力克服的能力。这包括对学习目标的坚定执着、自我激励、持之以恒地学习以及克服学习困难的能力。地理学习毅力有助于克服学习中的挫折，实现更高水平的学术成就。

地理创新力指的是学生在地理学科中具备的创造性思维和创新能力。这包括能够提出新颖的地理假设、设计独特的研究方法、发展创新的地理模型，以及为解决地理问题提供独特的见解和解决方案的能力。

地理反思力是指学生在学习和实践地理时能够进行批判性思考、自我评估和反思的能力。这包括对自己的学习过程和学习成果进行分析、对地理问题和挑战进行深思熟虑，以及在不断学习中调整自己的学习策略和方法，以取得更好的学习效果。

地理学习力的提升对于实现地理学习目标和培养杰出的地理人才至关重要。然而，当前高中生普遍承受着沉重的学业负担，且评价方式主要以分数为导向，导致学生的地理学习力呈现出衰弱的趋势。具体表现在一部分学生缺乏主动学习和自我反思的意识，导致地理学习的动力和反思能力不足。此外，教师通常占据了课堂的主导地位，学生被动地听课，参与度不够深，这使得地理学习能力和地理创新力未能全面、有效地提升。

二、元认知原理与模型

20 世纪初约翰·弗拉维尔(John Flavell)首次提出了“元认知”的术语，并描述了它作为一种心理过程的本质。元认知是关于认知的认知，是个体对自己的认知加工过程的自我觉察、自我反省、自我评价与自我调节，包括元认知知识、元认知体验和元认知监控。①

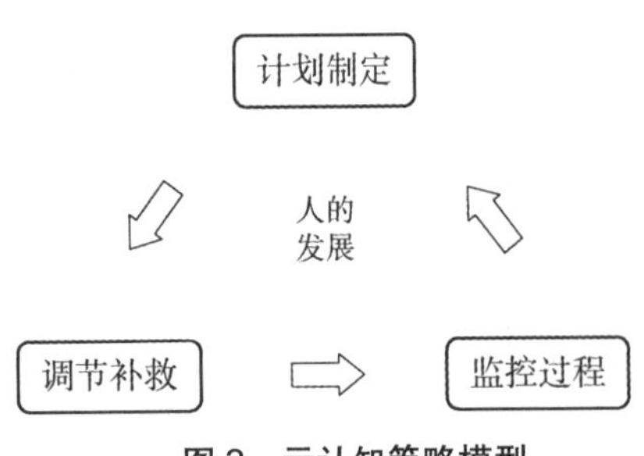

图 3　元认知策略模型

元认知是一种着重于学生的发展，旨在有效监控和调整他们的认知过程和成果的方法。这些策略通常涵盖三个主要方面：计划制定、过程监控以及调整和补救。

计划制定是指学生在学习过程中明确学习或认知目标，选择适当的学习方法和策略，并制定计划，预测学

① 裴娣娜.学习力：诠释学生学习与发展的新视野[J].课程.教材.教法，2016，36(07)：3—9.

习的结果，以确保学习过程有组织、有方向。

过程监控是指在认知活动中，学生不断跟踪进度，自我评估学习的进展，并评估学习的效果。这有助于识别任何潜在问题或需要调整的领域。

调整和补救是指当学生通过监控发现问题或不足时，会采取调整和补救措施，以改进学习策略或重新审视目标，确保最终达到其认知目标。

元认知策略在地理学习活动中的应用是地理学习力提升的关键，它有助于充分发挥学生的主动性，激发地理学习潜力，提高思维品质，突显地理学科的育人价值。

三、运用元认知策略提升学生地理学习力的策略

（一）建构知识网络，搭建学习支架，促进深度学习

地理学科具有综合性的特点，各个地理概念、事实之间有着密切的逻辑关系，往往呈现相互联系、相互影响的网状关系。而学生在学习地理知识的过程中，常常因未对所学知识进行归纳整理，导致习得的地理知识零散无序，对整体的地理学科知识体系认识模糊。在学习新知识时不能将新旧知识联系起来，而是把新知识当成“记忆材料”，对知识一知半解。例如，学生未能区别“人口密度”“人口分布”“人口容量”等概念之间的异同和联系，只是割裂地记住了这些概念。

教师可以指导学生运用元认知策略来构建各个地理概念、事实之间的关联，使陈述性知识结构化。常用的做法有用思维导图、概念图等学习支架。学生在组织地理概念、建立地理事实之间联系的过程中，会逐渐形成调节补救的元认知策略，提高地理学习能力和地理反思力。

（二）创设真实情境，激发学习兴趣，提升地理学习动力

地理教学过程扮演着塑造人的成长与发展的重要角色。著名教育家陶行知曾言：“教师的责任不是仅仅传授知识，而在于教会学生学习。”将学生置于教学的核心，重新确立学生的主体地位，使他们在地理学习中确立明确的目标意识、不断监控进展、随时调整学习策略，从而激发地理课堂的生机。因此，教师需尊重学生的起点，深入了解他们的学习现状，将教学设计建立在全面、客观、准确的学情了解之上，通过自主学习、协作学习和探究学习，培养学生成为自主学习者。

教师可通过分析学生的生活经验和个性需求，培养他们对地理学习的浓厚兴趣，可激发他们学习的动力。举例来说，创造具有生活化特点的地理课堂，利用新闻材料和时事热点，将地理原理与社会生活紧密联系，使地理学习与日常生活产生有益对话，从而唤起学生对地理学科的兴趣。

（三）通过问题驱动、对话协作，培育学生的高阶思维

地理学科具有实践性的特点，地理知识的获得并不是靠死记硬背内化的，而是通过实践活动习得的。因此教师应该在教学活动中强调合作交流，让学生在交流中有机会观察其他学生的思考、学习过程，并对照自身，从而评价、反思、监控自己的学习过程，强化学生的元认知体验，并逐渐形成适合自身的学习及分析问题的策略，提高地理创新力。

问题式教学以问题解决为核心，采用项目式、主题式等教学方式，以学生的经验为基础，建立层次明确的问题链。它引导学生自主探究、合作对话，围绕核心问题进行推理、论证、质疑，并基于证据提出解释，培养学生高阶思维能力。

四、应用示例:《人口分布》

《人口分布》是人教版2019年版高中地理教材必修二第一章第一节的内容。课程标准要求为:运用资料，描述人口分布的特点，说明影响人口分布的主要因素。教材以阅读材料的形式呈现了“胡焕庸线”的发现历程等相关的学科史内容。

笔者运用元认知策略，设计教学过程，以提升学生的地理学习力，使学生的学习更积极、主动乃至有创造性。

（一）建构知识网络，搭建学习支架

课前:发放“自我提问卡”，关联已有知识

学习活动:上课前一天，向每位学生发放“元认知自我提问卡”，请学生在上课前思考并完成。

（1）识别学习任务要求:
①本节知识的学习目标是什么?
②将自己列出的学习目标与老师给出的学习目标进行比较。
③想一想自己列出的学习目标还有什么可以改进?
④最终确定适合自己和具体详细的学习目标。
（2）识别学习任务特征:
①本节课的重点和难点是什么?
②哪些以前学过的知识对这节课的学习会有帮助?
③平时的生活中体验过关于这堂课的知识吗?

图4　元认知自我提问卡

设计意图:在开始学习新课前，不仅引导学生根据学习内容自己制定学习目标、更引导学生回顾已有知识和经验，使其与将要学习的内容进行联结，使地理知识初步结构化。

课中:绘制思维导图，完善知识结构

学习活动：教师展示“地球适合生命存在的原因”的思维导图，请同学按照此方式绘制“人口分布”的思维导图。

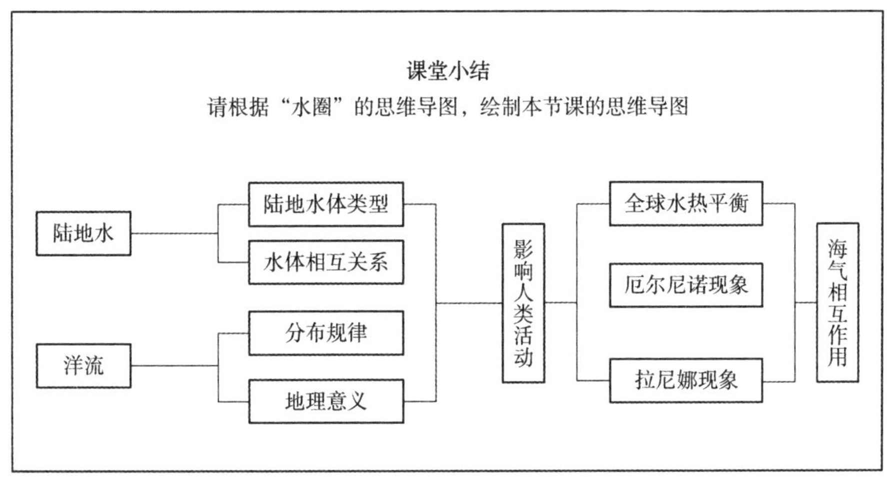

图5　绘制思维导图要求

设计意图：每节课的地理知识既有各自的结构和体系，又与其他知识相互关联，形成网状的知识结构。利用思维导图进行知识梳理，可将零散无序的知识结构化，有助于学生理解知识，且这样归纳整理知识的方式，会潜移默化地内化至学生的元认知中，在以后学习过程中，学生会逐渐形成自主归纳整理知识的学习习惯，提高地理学习能力。

课后：填写“学习情况评价表”，反思学习过程

学习活动：向每位学生发放“学习情况评价表”，请学生根据自身上课情况填写，实施课堂自我评价。

项目	所学知识	重点知识	理解情况	运用情况	不足	应对措施	解决办法
自我评价							
下节课学习期望与目标							

图6　学习情况评价表

设计意图:通过填写"学习情况表",引导学生关注、反思自身学习过程和结果,提高元认知知识水平。通过评价所学知识的理解程度、监控自身学习过程、反思学习策略,从而达到针对性的调整,提高地理反思力。

(二) 创设真实情境,激发学习兴趣

新课导入:如果我是部落酋长

学习活动:师:(呈现中国地形图)如果你是一个古代部落的酋长,现在你要在中华大地上选择一处栖息地,供你的部落繁衍壮大,你会选择哪里?

生:(充满兴趣)展开热烈讨论。

师:今天我们做些尝试,以小组为单位,根据你们的生活经验,自行挑选所需的专题地图,老师给大家准备了很多类型的专题地图。

生:小组成员展开热烈讨论,各抒己见。

学生在组长的组织下自由畅想,教师巡视旁观,暂不予以任何指导,以免影响学生的自由发挥。讨论过程中,小组长冲上前兴奋地挑选专题地图。根据所选地图,每组学生在"中国水系图"中选出最合适的10个地点。将完成的地图上传至教师端。

讨论结束后,教师请2—3位小组代表在班内交流。最后教师和学生共同得出影响人口分布的主要因素是:气候、地形、水源。

设计意图:通过对真实的学科史进行改编,创设情境,以小游戏形式呈现,通过增补学生需要的情境材料,做到了现实世界与地理知识的一体化,在真实的区域情境(中国)中,知识成为了问题解决的探究工具。地理课堂的生机和学生的兴趣被激发,主动性和创造性被激活,提升学生的地理学习动力。

(三) 通过问题驱动、对话协作

学习新知:小组探究,重走胡焕庸之"路"

学习过程:师:当时中国人口有四亿多,胡焕庸走访全国、查阅资料,获取数据,绘制了中国人口分布图。

师:完成后,他开始思考,我国还有可供移民之地吗?你能找到这个区域在哪里吗?

师:根据我们讨论的结果,要回答这个问题,我们需要查找哪些数据?

生:中国的气候分布情况、地形分布情况、河流分布情况。

师:很好,所以我们要用哪些专题地图与这张"人口分布图"作对比呢?

生:"中国气候类型分布图""中国地形图""中国主要河流分布图"

师:请大家两人一组,对比这些专题地图,找到那块人口密度低于理论值的区域。

(学生一边积极地讨论,一边反复对比分析不同的地图,逐渐得出了结论)

师:谁来分享一下讨论的结果?

生1:我认为这个区域是云南、贵州省的交界处,因为这里有众多河流流经、还位于季风气候区,气候适宜。

师:其他同学有不同意见吗?

生2:我认为这个区域应该是黑龙江省中部,因为这里也有河流流经,且海拔较低,也是季风气候。

师:大家觉得哪位同学的答案更合理?

生3:……

设计意图:通过分析问题、选取资料、动手操作、小组合作、展示激励等一系列探究活动,让学生主动体验和监控"分析某地区人口分布的成因"这一程序性知识的学习过程。在小组交流合作中,学生们可以相互提供反馈和评估,使其注意力不断转移到对自己认知过程的监控和调整。学生在发现问题、思考问题、解决问题的学习过程中,主动分析原因并尝试解决问题,加深了元认知体验,使程序性知识变得清晰、可操作,提高了地理创新力。

五、元认知策略的教学思考与体悟

(一)给予学生元认知正向反馈,让学生乐学善学

"学会学习"素养要求将人的发展放在首要位置,强调发挥学生的主体性,在学习中乐学善学。"乐学"强调学习过程需要有积极情感体验,"善学"强调在学习时能顺利运用各种学习策略、能力和条件。因此,教师在培养学生元认知能力时,除了让学生意识到自己可以注意、监控、调整学习过程,还要让其从中体验到快乐和满足。教师可以关注学生的元认知改善情况,并及时给予正向反馈。使学生感受到自身的进步和胜任感,以此强化学生积极的元认知体验,激发学生主动监控和调节自身认知、行为的意识,帮助学生形成良好的学习动机、学习价值取向、学习态度和学习意志力。

(二)培养学生元认知监控习惯,让学生勤于反思

"学会学习"素养注重人的终身发展,关注学生学习反思的态度和习惯。在当今瞬息万变的信息时代,学生将面临各种各样的新情境,如何在新情境中快速调整学习策略和方法,就必须勤于反思。而元认知监控能有效提高反思的频率和质量。因此,教师在培养学生元认知能力时,应使元认知监控贯穿学习过程的始终。如除本节课使用到的"元认知课前自问卡""学习情况评价表"外,教师还可设计诸如"学期计划表""学习活动单""试题自问卡""地理学习学期综合评价表"等,在学习各环节中指导学生进行元认知监控,养成良好的学习反思态度和习惯。

（三）优化培养元认知方式，让师生共同发展

地理课堂是否有效、地理学习是否高效，除了与学生在学习过程中表现出来的元认知能力有关，还受到教师元认知能力的影响，因此，在地理教学过程中，教师也应注重自身教学元认知能力的提升，不断体验、反思、监控自身的教学认知过程，探索如何用更好的方法让学生理解并解决问题。同时，教师主动思考、反思教法的积极状态，也会影响学生的学习状态，提高他们的元认知能力，使地理学习效能提升。

总之，"学会学习"素养关注的是学生学习意识的形成、学习方法的选择、学习进程的评估监控。而元认知技术关注的是学生对自身学习过程的认知。因此，通过建构知识网络、创设真实情境、重视问题驱动等元认知策略，能培养学生"学会学习"素养，提升地理学习力。

（本文作者：上海市中原中学　蔡轶丰）

5. 深度学习理念下高中历史“教—学—评”一致性实施策略

摘要:随着学科核心素养的提出,培养学生自主学习能力,促进深度学习的发生,成为课堂教学的重要目标。“教—学—评”一致性着眼于核心素养,服务于学生学习。本文从“教—学—评”一致性的内涵出发,在深度学习理念指导下,制定指向核心素养的进阶式学习目标,搭建以学生为主体的挑战性学习过程,设计贯穿教学始终的学习评价,从而构建“教—学—评”一致性的课堂教学模式。

关键词:深度学习;“教—学—评”一致性;高中历史

深度学习概念的产生可追溯于1976年瑞典哥特堡大学的费伦斯·马顿和罗杰·萨尔乔。而国内的研究先行者是上海师范大学黎加厚教授,他认为“深度学习是指在理解学习的基础上,学习者能够批判性地学习新的思想和事实,并将它们融入原有的认知结构中,能够在众多思想间进行联系,并能够将已有的知识迁移到新的情境中,作出决策和解决问题的学习”。[①] 北师大郭华教授指出:“深度学习,就是在教师引领下,学生围绕着具有挑战性的学习主题,全身心积极参与、体验成功、获得发展的、有意义的学习过程。”[②]不管哪种解释,深度学习都突出了目标的制定、学习的方式、过程以及意义等关键要素。信息时代的迅速发展让深度学习落地非常紧迫,虽然随着学习环境的多样化,深度学习可以采用多种策略,但当课堂教学进行时,要求教师的“教”、学生的“学”、教学的“评”三者协调配合的“教—学—评”一致性无疑可以很好地实现深度学习。

一、“教—学—评”一致性的内涵分析

著名的课程论专家泰勒在《课程与教学的基本原理》一书中提出了课程编制的四个问

① 何玲,黎加厚.促进学生深度学习[J].现代教学,2005(5):28—30.

② 郭华.深度学习及其意义[J].课程·教材·教法,2016,36(11):25—32.

题："学校应该达到哪些教育目标？提供哪些教育经验才能实现这些目标？怎样才能有效地组织这些教育经验？我们怎样才能确定这些目标正在得到实现？"①如果把这四个问题落实到课堂教学中，教师在教学设计中应该有这样的一体性思考，即"为什么教？学生需要学什么？怎样让学生学到？学生学会了吗？"这即是"教—学—评"一致性，它指向了教师的"教"、学生的"学"以及教学的"评"三者之间的协调配合。在实现"教—学—评"一致性上，需要关注以下要素：其一是起着引领作用的学习目标；其二是作为基本保障的挑战性学习活动；其三是起关键作用的全过程评价。在目标引领下，设计富有挑战性的系统化的学习活动，制定不同阶段的评价任务衡量教与学的效果，使得整个教学在动态过程中达成学习目标，最终指向深度学习，指向学科核心素养的培育。

二、"教—学—评"一致性下的高中历史教学实施策略

（一）制定指向核心素养的进阶式学习目标

清晰的学习目标是"教—学—评"一致性的前提和引领。学习目标的制定要把发展学生的核心素养作为宗旨，要以教材内容主旨为载体，指向学生对学科思想和方法的理解以及解决问题的能力。在这个过程中，以学情为依据，设计指向本体知识和思维能力的学习目标显得尤为重要。《深度学习：走向核心素养》一书中指出深度学习特征的包括五个方面："联想与结构""活动与体验""本质与变式""迁移与应用""价值与评价"。总结以上特征，在制定学习目标时，需要重点把握运用所学内容以解决问题的迁移应用目标以及通过经验和知识的转化进行意义建构的目标，从学习目标的进阶来看，即构建在知识与技能基础上实现长期的素养目标。

1. 基于课标与教材，确定教学内容主旨

课程标准是从教材体系、课程性质、课程内容、学习质量与实施等方面对课程的顶层设计，因此教师在备课环节要根据教材内容找出课程标准中关于课时的具体要求，尤其是涉及的核心概念、学习质量要求等，基于此确定教学主旨，再结合教学内容细化出学习目标。

如高中历史选必二第六课《现代科技进步与人类社会发展》，本课属于生产工具与生产方式这一模块，学习要求是"了解劳动在社会生产中的作用，以及历史上劳动工具和主要劳作方式的变化；认识大机器生产、工厂制度、人工智能技术等对人类劳作方式及生活方式的影响；理解劳动人民对历史的推动作用，以及生产方式的变革对人类社会发展所具有的革命性意义。"这一要求是建立在理解生产力、生产工具、劳作方式等抽象概念的基础上，去认识人类社会是在生产力与生产关系的矛盾运动中不断向前发展，即生产方式的变革对人类社

① 施良方. 泰勒的《课程与教学的基本原理》——兼述美国课程理论的兴起与发展[J]. 华东师范大学学报（教育科学版）. 1992(04)：1—24.

会发展的革命性意义。教材的内容则立足于二战以后以人工智能技术为代表的现代科技，展开技术领域在第二次世界大战后半个世纪以来的重大变化，突出了人工智能技术的应用与推广对人们劳作方式及生产方式变革的意义。在学业质量上，本模块学习之后，学生应达到学业质量水平 3 至水平 4，一方面了解与现在人类生活息息相关的技术发展；另一方面理解经济活动与社会、科技与生活之间的关系，深化人与自然、人与社会等和谐发展的认识。这就要求本课的教学方向既需要考虑到在单元整体下认识人类历史发展的动力，又需要考量如何引导高中学生正确认识科技与生活、人与社会的关系。基于以上可以初步确定本课的教学主旨："以人工智能为代表的现代科技进步是时代发展的必然产物，极大地推动了人们的劳作方式及生活方式变革，对人类社会发展历程产生了革命性意义。然而科学技术也是一把'双刃剑'，在智能时代，需要用积极和理性的态度看待技术的发展。"

2. 立足单元内容，把握逻辑联系

本课属于单元体系内的课，而单元有主题以及自身的逻辑体系，因此在教学设计中不能脱离单元独立地进行课时设计，需要立足于单元核心概念，这是深度学习的要求，也是实现"教—学—评"一致性必须把握的内容。华东师范大学崔允漷教授在提及"教—学—评"一致性时涉及两种理解，其中之一是"教师的'教'、学生的'学'与命题专家的'命题'应保持目标的一致性"。[①] 纵观统编历史教材实施以来的高考命题，或是新情境、或是立足单元核心概念而引发出的问题，因此把握单元的逻辑联系是深度学习理念下"教—学—评"一致性实现的重要抓手。

如选必二"生产工具与劳作方式"的单元内容，构建了以下知识体系（如图 1）。在此逻辑架构基础上去进行单元内容的学习，利于学生认知的结构化，推动思维的不断递进。

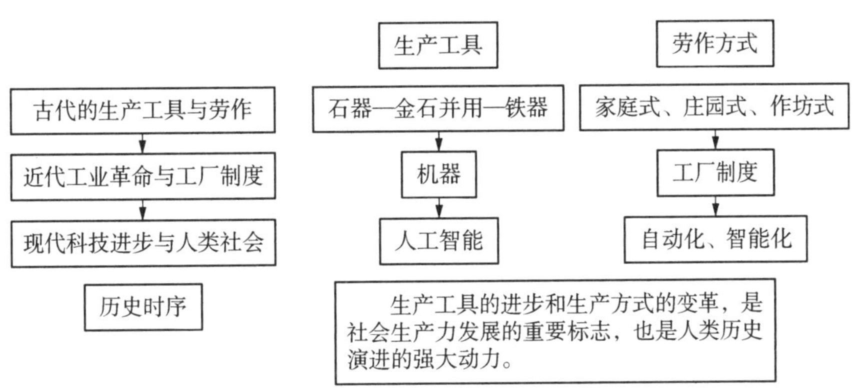

图 1 "生产工具与劳作方式"单元知识体系

3. 立足学生实际，制定学习目标

学生是教学活动的主体，教师在思考"如何教"之前一定要考虑学生将"如何学"，只有立

① 崔允漷，夏雪梅."教-学-评一致性"：意义与含义[J].中小学管理，2013(01)：4—6.

足学生实际所制定的学习目标才能引领整个教学活动，真正达成“教—学—评”的一致性。而学生的实际学情概括起来有两种：与学习内容相关的知识水平和解决问题的能力水平。只有基于此制定的可操作、可检测的学习目标，才能引领教、学、评并且达成一致性。

综上，制定指向核心素养的进阶式学习目标需要综合考量课标、教材、单元、学情等各种因素，将学习目标看成一个结构体系，在深度学习理念引领下细化单元目标、课时目标，实现学科核心素养和课堂学习目标的一致性。在撰写学习目标时，可根据深度学习的理念，从学习内容、学习途径、学习行为以及相应的行为水平四要素确定目标的表述。具体可参考以下“现代科技进步与人类社会发展”一课的学习目标(表1)。

表1 “现代科技进步与人类社会发展”学习目标

学情	目标层次	学习目标	核心素养
知识储备水平： 必修教材中国古代社会的技术发展进程、工业革命以后生产工具的进步、生产方式的变革已有初步认识。	迁移 应用目标	搜集多种类型史料，呈现以人工智能为代表的科技革命带来的航天、军事、生物等领域的巨大进步。	时空观念 史料实证
		解决情境问题，运用批判的、创造性的方式，从不同视角认识人工智能发展的原因以及对人类历史发展产生的影响。	历史解释 唯物史观
解决问题水平： 身处移动互联网时代，对信息处理能力较高，但认识不足。	意义 建构目标	研读史料，小组合作，从科技与社会、科技与人本身等角度正确看待科技进步。	唯物史观 史料实证 家国情怀

(二)搭建学生为主体的挑战性学习过程

在基于课标、教材、单元以及学情制定的学习目标引领下，教师“将教学的重点提炼出来，尤其是高中历史课程的内容涉及面广，包含的史事多，所以更需要突出核心要点”。① 学习过程设计就是为解决这些核心要点而为学生搭建的学习平台或者脚手架，整个过程应该以学生为主体，通过创设历史情境、挑战性的任务、基于史料研习的问题解决等方式实现“学习中心课堂”。

“现代科技进步与人类社会发展”一课的设计中，围绕“制造出来的智能”“打开未来的钥匙”“时代发展的结果”“理性看待科技进步”四个部分展开，引导学生分别从人工智能的定义、技术进步的背景和影响等问题，结合国际关系以及人本身的视角全面地看待科技进步。在具体学习过程中，从学习情境、生活情境出发，设置问题，采取个人思考和小组讨论的方式，完成进阶的挑战性任务。以最后一个环节“理性看待科技进步”为例，基于本课内容主旨选择了人类应该如何对待技术的一组材料提供给学生，并提出基于史料研读的层进式问题

① 中华人民共和国教育部．普通高中历史课程标准(2017年版2020年修订)[S]．北京：人民教育出版社，2020.

任务:(1)据材料1,工人和机器之间矛盾产生的原因是什么?(2)材料2和材料3对技术进步的态度是什么?各自的视角是什么?(3)综合上述材料,谈谈你对科技进步与人相互关系的认识。第(1)问的解答既是对第5课《工业革命与工厂制度》的复习回顾,也是培养学生能在马克思主义理论指导下认识"人与机器"关系,更是检验学生解读史料、分析史料、选取史料说明问题的能力。第(2)问则把材料2和材料3进行对比,竭力培养学生辩证看问题的能力。第(3)问则需要综合本单元所学,在思想层面上理解科技进步对社会、对历史、对人的发展的作用,也能够从科技带来的一系列问题上认识到技术进步给人在发展过程中带来的挑战,从而理性地分析科技进步与人之间的关系。

(三)设计贯穿教学始终的学习评价

"主体性因素(学生的学习动机、教师教学投入)、过程性因素(教学方法)与结果性因素(学习评价)"[①]影响着学习的深度,因此要实现深度学习,评价应该在学习过程中各个节点进行,以利用评价结果引导学习进阶。"评价主要针对学生将所学历史知识与技能运用于解决具体问题时体现出的学科核心素养水平"[②],所依据的是素养导向下的学习目标,所检测的是在学习过程中学习目标的落实情况,这就要求评价要贯穿教学始终,以随时发现内容、方法以及情境问题等方面的不足,便于及时改进。

1. *确定学习目标的成功标准*

"教—学—评"一致性下,如果目标是终点,学习是旅程,那么评价即GPS,可以随时对旅程中目标的实现优劣进行定位。但是定位的准确与否需要设定目标的成功标准,也就是当学习活动中学生达到目标的时候需要呈现怎样的回答、行为或者方案。如"现代科技进步与人类社会发展"一课的学习目标所对应的成功标准(表2)。

表2 "现代科技进步与人类社会发展"学习目标及成功标准

目标层次	学习目标	成功标准
迁移应用目标	搜集多种类型史料,呈现以人工智能为代表的科技革命带来的航天、军事、生物等领域的巨大进步。	用PPT或者视频呈现搜集的资料,并能对资料进行分类说明。
	解决情境问题,运用批判的、创造性的方式,从不同视角认识人工智能发展的原因以及对人类历史发展产生的影响。	用历史的或现实的、政治或经济或思想、主观动机或客观效果等视角进行解释。
意义建构目标	研读史料,小组合作,从科技与社会、科技与人本身等角度正确看待科技进步。	小组合作积极参与,大胆表达想法;能够运用材料以及本课学习内容正确看待科技进步。

① 付亦宁.深度(层)学习:内涵、流变与展望[J].南京师大学报(社会科学版),2021(02):67—75.
② 中华人民共和国教育部.普通高中历史课程标准(2017年版2020年修订)[S].北京:人民教育出版社,2020.

2. 设计实施多维度评价

评价是服务于学生的，应该充满人性，在设计评价时不能只关注回答的正确与否、结果的好坏，从学生人格发展的角度说，评价应该多维度，既关注终结性评价，更要注重形成性评价；既进行知识和技能的评价，也要关注思维能力的评价，正如课程标准中指出："既要发挥量化评价易操作、客观性强的优势，更要运用质性评价，对学生历史学科核心素养的发展程度特别是价值观的形成作出判断"①。

在"现代科技进步与人类社会发展"的课后作业评价上，基于教材的史料阅读部分，提出了三个层进式问题，可以面向不同层次的学生进行不同的评价反馈。第一问："人类历史的发展先后经历了几种革命？"试图通过简单的"农业革命、工业革命、信息革命"等概念梳理，巩固本单元三课内容的联系，从而检测评价学生对核心知识的掌握情况。第二问："根据材料并结合所学知识，指出人工智能技术与之前科学技术对人类影响的主要不同之处。"这要求学生能够在单元结构下结合本课所学的内容进行区分。第三问："根据材料，结合本单元所学内容，谈谈你对技术进步与人类社会发展关系的认识。"此问对学生提出了较高的要求，建立在掌握单元知识的基础上，能够根据不同时代，运用史料，选取一定的视角辩证地看待技术进步与人类社会发展的关系。

由此可以看出，教学评价是一种为学生发展的手段，不应只是单纯地针对问题的认知结果，还应该包括对元认知、情感和合作维度等方面，诸如现代教育评价理论中形成性评价对于"反思性的、主动的知识构建以及情景化的、解释性的、基于表现的、参与式的评价"关注。

除此之外，评价的多维度还体现在评价主体和方式的多样性。评价的主体可以是老师、学生、家长、同伴；评价的方式可以是伴随在教学活动中的课堂提问、小组讨论，也可以是课后的自我反思、家长评价，更可以是作业检测等。只有这样实现评价的多维，注重评价结果，以评促教、促学，"教—学—评"一致性才能真正实现。

三、结束语

在教育改革不断推进、教学方式推陈出新的今天，"教—学—评"一致性通过教师的"教"、学生的"学"以及学习评价三位一体、协调配合促进了课堂教学的有效性。"教—学—评"一致性强调了教师引导下学生的主体性，关注了学生对知识内容的学习，尤其是在学习过程中的能力提升和思维发展，这更加促进了深度学习的实现。

（本文作者：上海理工大学附属中学　苏魏）

---

① 中华人民共和国教育部. 普通高中历史课程标准（2017 年版 2020 年修订）［S］. 北京：人民教育出版社，2020.

6. 深度学习视域下历史问题链的设计探讨

摘要:深度学习是课程转型与教学变革的标识,是培育学生学科核心素养的必然途径。深度学习是从问题开始的教学,深度学习的真正发生需要教师从核心素养导向的目标出发,围绕挑战性学习主题,设计出关联新旧知识,指向学科大概念,聚焦批判性思维的问题链,在解决问题的过程中提升学生的核心素养。

关键词:深度学习;历史教学;问题链

面对日新月异的社会变化和知识更新周期的不断缩短,单纯灌输知识的教育已完全落后于时代的需求。教师的教学理念必须从"知识本位"转变为"素养本位",从强化学生对知识的掌握转化为促进学生核心素养的发展。深度学习是着眼于培养学生处理未来复杂问题能力为重点的学习新模式。深度学习强调学生将新知识与已有知识与经验链接起来进行思考,学习目标指向"普遍的范式和内在的原理",强调学生"基于证据得出结论""关注逻辑与推理,展开批判性探讨"①。深度学习不是以传递特定知识内容为起点,而是从揭示问题开始的,教学问题的设计与呈现不是随意的,也不是零散的,而是要有层次、有条理,有逻辑性和连贯性。基于深度学习理念,设计有效的教学问题链是素养导向下课堂变革的重要内容。

一、深度学习视域下历史问题链的设计框架

目标是所有教学的出发点和归宿,制定合理的学习目标是问题链设计的前提。《普通高中历史课程标准》规定了各模块教学的具体内容要求和学业质量水平要求,是制定学习目标的准绳。深度学习的目标需指向学生最近发展区,教师可通过诊断性评价,精准分析学情,定位学习起点。制定素养本位的目标后,教师要精选教学资源,整合教学内容,确定挑战性的学习主题,如中华优秀传统文化、统一的多民族封建国家、近代中国救亡图存、中国特色社

① 钟启泉.深度学习:课堂转型的标识[J].全球教育展望,2021,50(01):14—33.

会主义道路等，并有针对性地开展教学。深度学习的对象是“普遍的范式与内在的原理”，这里的“普遍范式”和“内在原理”强调学生不是学习碎片化的无意义的知识，而是学习可以跨时空、跨情境的学科大概念。从历史学科来讲，唯物史观是最核心的学科大概念。例如，“一定时期的思想文化是一定时期政治和经济状况的反映”“人类历史纵向发展所达到的阶段和水平规定横向发展的规模与广度，而横向发展既受纵向发展的制约，又对纵向发展具有反作用”“在客观历史进程中，环境创造人，人又创造环境”等。大概念统摄的关键问题就是教学的主干问题，学生在思考和解决主干问题的过程中，建构起学科大概念。但是主干问题比较宏大，需要教师根据特定的情境材料进一步设计成有层次梯度的、序列化的问题链，引导学生在合作探究和整理提炼的过程中，实现子问题-主干问题-学科大概念-核心素养的理解与提高。最后，教师还要通过作业设计，检测评估学生能否迁移大概念思考和解决新的情境问题，完成聚焦目标的“教—学—评”闭环(设计框架见图 1)。

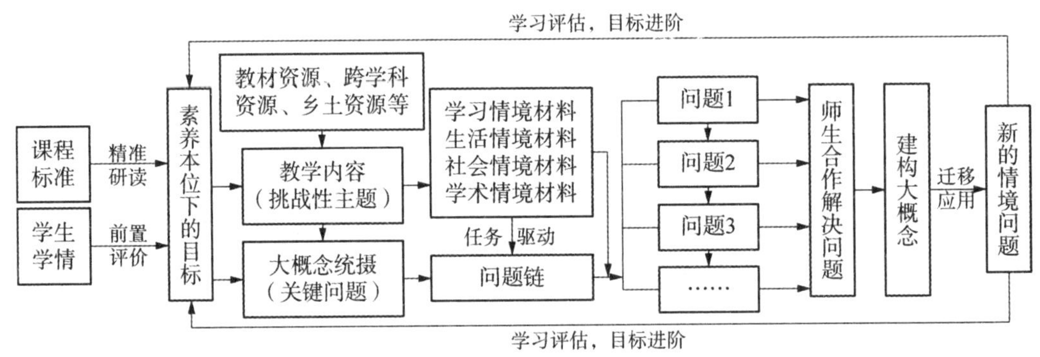

图 1 深度学习视域下的历史问题链设计框架

二、深度学习视域下历史问题链的设计步骤

问题链的设计，可从其涵盖的学习主题出发，基于课程-单元-课时，设计出既各自独立，有差异性，又具有内在逻辑关联的系列问题。本文以《中外历史纲要(上)》第五单元“晚清时期的内忧外患与救亡图存”为例来阐释深度学习视域下历史问题链的设计步骤。

(一) 目标—主题—大概念的整体建构

《中外历史纲要(上)》第五单元“晚清时期的内忧外患与救亡图存”的内容要求是：认识列强侵华对中国社会的影响；了解中国人民反抗外来侵略的斗争事迹，理解其性质和意义；认识社会各阶级为挽救危局所作的努力及存在的局限性[①]。这一单元涵盖的史实性知识学

① 中华人民共和国教育部. 普通高中历史课程标准(2017 年版 2020 年修订)[S]. 北京：人民教育出版社，2020.

生均在初中阶段学过，列强侵华是中国人民反抗斗争和各阶级挽救危局的时代背景，如何认识反抗斗争的意义以及探索的努力和局限性是学习的重点。从素养本位的学习目标来看，学生在定位这些斗争与探索时空坐标的基础上，尽可能地从当时直接留下来的史料中提取信息，再从唯物史观出发，将晚清时期各阶级的探索与斗争置于当时特定的时空框架下进行评价。历史，是人的历史，教师以不同时期不同阶级的代表性人物为切口和线索，叙史见人，以人系事来窥探晚清时期的救亡图存之路，围绕"国家命运与个人际遇"这一学习主题来设计单元问题链（见表 1）。

表 1　基于单元学习主题的问题链

课时名称	问题设计	目标聚焦
第 16 课 两次鸦片战争	林则徐何以成为"开眼看世界第一人"？	从地主阶级有识之士"开眼看世界"的时代背景出发认识其进步性与局限性。
第 17 课 国家出路的探索与列强侵略的加剧	梁启超为何以李鸿章的生平来勾勒晚清四十年的历史？	认识地主阶级洋务派的活动对中国早期近代化的作用，学会对历史人物的"同情之理解"。
第 18 课 挽救民族危亡的斗争	如何认识梁启超思想的"变"与"不变"？	理解历史人物的思想随着时局的变化而改变，但对于时代主题的积极思考与主动探索始终未变。

借助问题链的设计引导学生透过晚清时期三位历史人物的所见、所思、所行，思考国家命运与个人际遇的互动关系，设身处地理解时人为探索国家出路所作的努力及其因所处时代和所属阶级而造就的局限性，生成"在客观历史进程中，环境创造人，人又创造环境"的历史大概念。

（二）任务—情境—问题的一脉相承

在第 17 课"国家出路的探索与列强侵略的加剧"的教学设计中，教师设计了三大驱动性学习任务以及基于不同情境材料和评价目标的问题链（见图 2）。三大驱动性学习任务聚焦"时代如何影响个人的发展""个人的所作所为对时代发展的作用""对历史人物的评价既受其所作所为的影响，也与评价者所处的时代背景有紧密相关"。驱动性的学习任务借助核心问题情境展开设计，再基于不同的史料设计为具有历史时序性和目标进阶性的问题链。最后，教师要依据具体的目标进行评价反馈。个人的社会实践一定是基于特定的历史时空舞台，既反映时代的需求，又受制于时代的限制。不同历史时期都会涌现出走在时代前列的历史人物。李鸿章生于晚清面临内忧外患之时，镇压太平天国运动成为他崛起的契机，而对于西方先进武器的见识催生了其向西方学习的思想。作为晚清时期的中兴之臣，相较于传统保守的封建地主阶级，他无疑具有更开放、更先进的眼光，他通过"变法"与"和戎"的内外举措，推动了中国的早期现代化历程，一定程度上抵御了列强的侵略，但是作为清朝统治者的一员，李鸿章未能跳脱其阶级的藩篱，其“见识”与“才学”终究是有限度的，其所作所为也终究无法挽救清朝的衰亡。

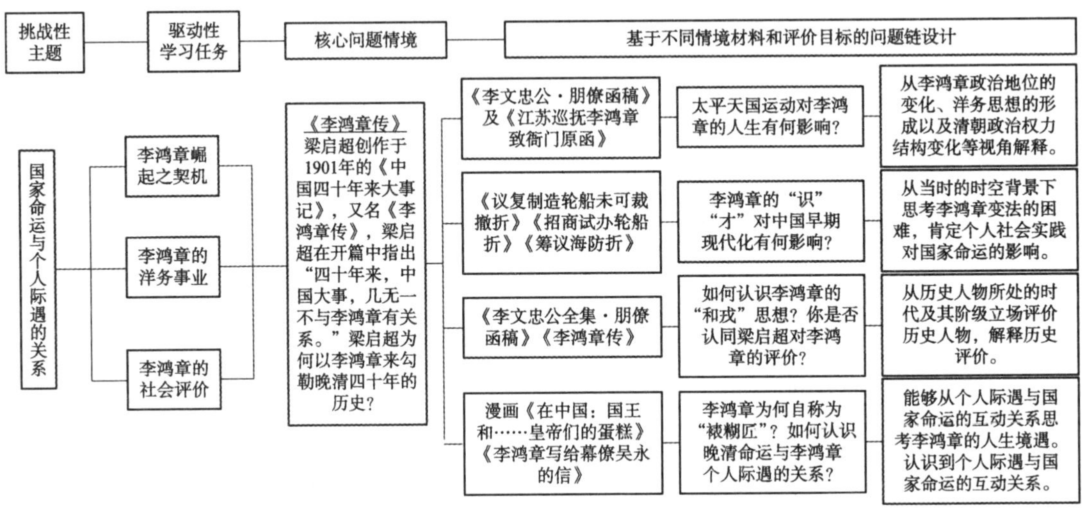

图 2　基于“国家命运与个人际遇”学习主题的问题链设计

三、深度学习视域下历史问题链设计的原则

从深度学习的特征来看，促进深度学习的历史问题链设计要链接新旧知识，指向历史大概念，聚焦批判性思维。

（一）问题链要链接新旧知识

深度学习，作为学习方式的样态，处理的是外在知识与学生经验之间的转化问题，通过调动以往的经验来参与当下的学习，又要将当下的学习内容与已有的经验建立起结构性的关联。[①] 教师需要通过创设情境问题链来激活“符号化”和“静态化”的旧知与经验。譬如，教师给出李鸿章的部分生平经历大事表，提问：李鸿章生于怎样的时代？李鸿章的前期人生的转折点是什么？促使李鸿章从文转武的关键事件是什么？

1840 年英国发动侵略中国的鸦片战争，1842 年中英签订了近代第一个不平等条约《南京条约》，中国被迫开放五处通商口岸，西方廉价的商品源源不断地流入中国，破坏了沿海地区的自然经济和传统手工业，造成大批劳动人民破产失业。清政府为了支付战争赔款，又大

---

① 郭华. 深度学习及其意义[J]. 课程·教材·教法，2016(11)：27.

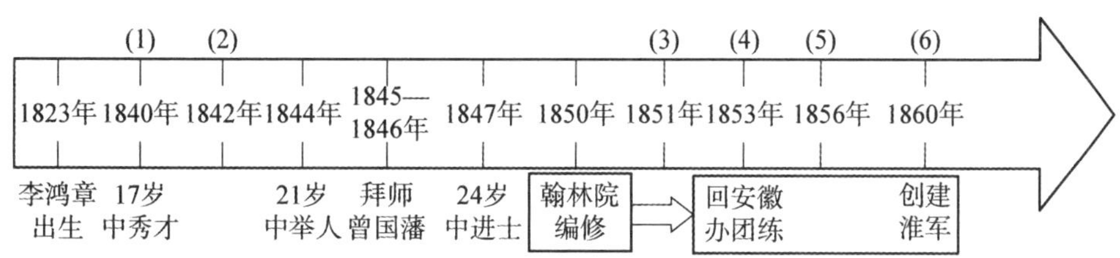

图3　李鸿章部分生平经历时间轴

肆搜刮，百姓生活困苦不堪。在外国资本主义和本国封建主义的双重压迫下，社会矛盾不断激化，各地民众纷纷揭竿而起。1851 年洪秀全发动金田村起义，揭开了中国近代史上规模最大的一次农民起义的序幕。1853 年太平军攻克南京，定为都城，改称天京。1856 年英法挑起了第二次鸦片战争，1860 年又逼迫清政府签订了《北京条约》。李鸿章作为晚清统治集团的官僚，正是在这样一个内忧（太平天国运动）外患（两次鸦片战争）的时局背景下回乡办团练，创建淮军。借助时间轴，学生建立起两次鸦片战争及其对中国社会的影响（旧知）与太平天国运动（新知）之间的关联，为探讨太平天国运动对李鸿章人生发展的影响搭建了脚手架。

（二）问题链要指向历史大概念

从学习对象来看，深度学习要求学生能够抓住教学内容的本质属性，全面把握知识的内在联系，而不是简单地记忆或背诵孤立的事实性知识。因此，指向深度学习的问题链设计不能停留于事实性问题，因为事实性问题往往会锁定在特定的时间、地点或情境下。问题链设计要基于事实性问题反映知识背后的发展脉络，再通过概念性问题来揭示跨时空、跨文化、跨情境迁移的历史教训或经验，揭示其规律。譬如，基于李鸿章人生的跌宕起伏以及晚清时局变动的事实性问题，引导学生探究概念性问题：国家命运如何影响个人际遇？个人的历史实践活动又如何作用于时代的发展？历史人物的评价如何受时代变迁的影响？通过对李鸿章个人际遇与晚清命运互动关系的探究，建构起历史大概念：历史人物的所作所为，很大程度上受限制于其所处的时代和所处的阶级，不能超越其历史社会环境，但是历史人物的主动作为又能在一定程度上反作用于时代的发展。对历史人物的评价是一种主观性的历史解释，受评价者所处时代背景和身份立场等因素影响。

（三）问题链要聚焦批判性思维

深度学习强调学生在学习的过程中要关注逻辑与推理，基于历史证据得出结论。历史学家柯林伍德曾在《历史的观念》中强调：历史学的程序或方法根本上就在于解释证据。历史问题链的设计一定是基于特定的史料（证据），无论是单个问题的设计，还是问题串的排列和组合，必须要引导学生在问题的解决过程中学会历史学科的逻辑与推理，养成批判性的历史思维。在“国家出路的探索与列强侵略的加剧”一课中，教师基于如下材料设计了一组问题链：

“我办了一辈子的事，练兵也，海军也，都是纸糊的老虎，何尝能放手办理？……如一间破屋，由裱糊匠东补西贴，居然成一净室，虽明知为纸片糊裱，然究竟决定不了里面是何等材料，即有小小风雨，打成几个窟窿，随时补葺，亦可支吾对付。乃必欲爽手扯破，又未预备何种修葺材料，何种改造方式，自然真相破露，不可收拾，但裱糊匠又何术能负其责？”

——甲午战败后李鸿章写给自己的幕僚吴永的信（吴永口述：《庚子西狩丛谈》，第107页）

问题链：

(1)“一间破屋”和“裱糊匠”分别指什么？

(2) 李鸿章认为“裱糊匠”能否为这间“破屋”负责？理由是什么？

(3) 你认为这封信件的内容是李鸿章是在为自己开脱吗？

(4) 李鸿章能否找到改造这间“破屋”的方式？为什么？

第1问旨在引导学生从材料中提取信息；第2问要求学生从材料中指认李鸿章自己对其洋务人生的评价；第3问则需要学生从史料的性质和来源进行批判性的思考：从信件内容来看，李鸿章的确在强调洋务运动破产的客观原因，但是从信件的来源来看，作为李鸿章的私人信件，它更多是李鸿章真实心声的表达，折射出了他在洋务运动中处处受掣肘的艰难；第4问对学生的思维要求更高，需要学生从李鸿章所处的时代背景及其个人的身份立场等视角去思考个人作为的限度。四个问题由浅入深，环环相扣，从材料信息的提取与概括，到史料作者意图的分析，再到唯物史观理论的应用，激发学生思考，促进高阶思维的养成。

总之，深度学习是课堂转型和教学变革的标识，是培养学生学科核心素养的重要途径。学习源于问题，问题促进思考，深度学习的发生需要引导学生以正确的价值观为引领，以大任务为驱动，以问题链为引领，引导学生在应对和解决陌生的、复杂的、开放性的系列问题中，发展关键能力。教师只有深刻认识深度学习的理念，提升问题链设计的能力，才能促使学生的学习真正发生。

（本文作者：同济大学第一附属中学　陈新纟匀）

7. 指向以学生为中心的“创智课堂”学习空间改造策略研究

摘要:随着以立德树人为根本任务、以发展学生核心素养为基本目标的新一轮基础教育课程改革的不断推进,学习空间作为推动学习方式变革的重要载体,在课程建设与改革的研究中具备独特价值和关键作用,其重要性日益凸显。如何通过学习空间的再造,激发学生的学习兴趣,提升解决真实情境下复杂问题的意识与能力,满足学生核心素养发展的更高需求,落实创新型人才的培育,这一问题值得我们关注、思考与践行。在以学生为中心的理念指导下,通过对学习空间的迭代再造,推进教学方式的转变,以满足学生自主学习、合作学习、探究学习的需要,激发学生学习的问题性、体验性与独立性,从而实现“自主—协作—探究”式的主动学习。

关键词:以学生为中心;学习空间再造;自主学习

近年来,党中央和国家对基础教育的整体部署进行了优化与补充,普通高中教育正逐步从“知识传递”转向“知识建构”。《教育部关于做好普通高中新课程新教材实施工作的指导意见》与国务院办公厅《关于新时代推进普通高中育人方式改革的指导意见》①的颁布,为课程改革指明了方向②,提出急需变革现有学习方式,增强学科间整体性,强化学科间横向协调配合,为深度学习奠定基础。2021 年上海市教委多部门联合发布了《上海市教育委员会等十部门关于推进普通高中学校建设的实施意见》,指出:提升学校教育装备水平,推进教学方式转变,以满足学生自主学习、合作学习、探究学习的需要。然而,对于学习空间在促进教学转型中的引擎作用,往往因认识不足容易被忽视。

---

① 国务院办公厅.国务院办公厅关于新时代推进普通高中育人方式改革的指导意见 国办发〔2019〕29 号[EB/OL].(2019-06-19)[2024-8-1]https://www.gov.cn/zhengce/content/2019-06/19/content_5401568.htm.

② 中华人民共和国教育部.《普通高中课程方案》(2017 年版 2020 年修订)[S].北京:人民教育出版社,2020.

一、问题的提出

“新闻与摄影”创新工作室开发的“走进人物采访”课程是以新闻采访和影像技术为载体，充分利用数字影像资源，以启发心智、激发兴趣、挖掘天赋、提升素养为目标，通过“微视频创作”“校园人物采访”等课程实践，将实验室的拓展课与基础学科有机统一起来，以达成育德启智、落实立德树人的育人目标。在参与各类校园影像教育创作实践活动的过程中拓展和提升“核心素养”，真正把“立德树人”和“社会主义核心价值观”教育渗透到教学实践中去，为学生动手能力、审美能力和科学创新素养的培育搭建舞台的同时也能够为同学们高考专业选择和未来职业生涯规划奠定人文科学基础。

但由于“新闻与摄影”创新工作室成立较早，相应设备逐步老化，服务功能滞后陈旧，空间封闭、类型单一、功能单向，开放性、情境性、融合性不够，在教育改革的当下，“新闻与摄影”创新工作室面临在现有学习空间与“双新”背景下，支撑学生学习方式变革，发挥学生主体作用，形成核心素养所需的学习空间不匹配的矛盾。因此，如何根据已有学习空间进行改建与再造，助力学生学习方式的变革，这一问题亟待解决。

二、核心概念与理论支撑

（一）学习方式

学习方式是当代教育理论研究中的一个重要概念，作为联结学习主体与学习对象的重要环节，学术界对它的解释存在一定分歧。较为普遍的观点是指学生在完成学习任务时基本的行为和认知取向，包括学生在自主性、探究性和合作性等方面的特征。[①] 华东师范大学心理与认知科学学院庞维国在比较了各类表述后认为：学习方式泛指学生在各种学习情境中所采取的具有不同动机取向、心智加工水平和学习效果的学习方法和形式。这一表述体现了学习方式具有可变性，而并非是相对稳定的个性特征范畴，因此可以被“改变”或者可以依据情境任务的要求而改变。

（二）以学生为中心

以学生为中心的教育理念强调在教学过程中发挥学生的主体地位与主动性，是以学生的学习和发展为中心，从而实现由“教师为中心”向“以学生为中心”的转变，即课堂的主体从教师转变为学生[②]，进而推动教学方式与学习方式的变革——从被动的讲授模式走向主动探

---

① 董君武，李凯. 实践学习：一种不可或缺的学习方式[J]. 上海教育，2019(34)：78—80.

② 赵祥辉. 高校“以学生为中心”教学改革理念：意义、困境与出路[J]. 中国高等教育评论，2020(13)：54—65.

究的学习，在充分发挥学生主体性的基础上，促进学生的全面发展。

（三）学习空间

国内外对学习空间（Learning Space）的研究基于建构主义学习理论、情境认知与学习理论。广义上的学习空间指学习行为发生的场所，其狭义的表达则多种多样，主要有从构成要素、所需技术支持、功能指向等方面进行的定语界定。普遍认为可分为正式、非正式和虚拟三种类型。正式学习空间包括教室、实验室、图书室等学习场所；非正式学习空间是除正式学习空间以外的其他场所，如走廊、咖啡厅等；虚拟学习空间包括网络社区、学习资源库等通过多媒体方式呈现的学习空间。①

三、"新闻与摄影"当前学习空间的问题分析

经过前期的课程体验，通过学生问卷的方式针对课程的满意度以及课程开展中涉及的学习内容、学习空间、学习方式与双新背景下学科核心素养及学校实创素养间的匹配度进行反馈，以期在后期有针对性地达成完善课程设计与学习空间再造的目标与任务。

（一）传统学习空间的局限性

"新闻与摄影"创新工作室作为传统教室，在时空上相对比较封闭，因其固化的空间布置，在课程开展的过程中，不可避免地约束了学生们的活动区域。过于刻板的功能区域划分导致难以开展研究性学习，束缚了学生开展讨论与交流的积极性，缺乏深度思考与思维碰撞的环境氛围。由于学生个体的差异，陈旧的学习空间也无法满足不同学生的个性化需求，提供学习支架，影响学习效能。

学习空间的开发利用在一定程度上也受到课时限制。如"景别组合摄影"的学习，在课时充足的情况下可以利用教室专用的摄影器材（相机、模型）等进行布置，提供创作环境，但受限于40分钟的课时容量而无法实施。

（二）课程内容选择的局限

"新闻与摄影"课程的开展以项目化小组学习为主，因为学习空间的限制，在课程项目的选择上由老师指定"完成一次人物采访"并在课程结束时提交视频成果，尽管项目成果的选择紧扣课程内容，但可能会限制学生作为课堂主体发挥的正向作用，影响学生对于后续课程内容学习的积极性。

① 竺建伟. 基于学习方式变革的中小学学习空间重构的实践与思考[J]. 中国现代教育装备，2021(02)：5—8.

（三）共享学习空间资源配置的局限

在专用教室的使用过程中，由于同一场地同一时间有不同的课程同时开展，尽管有独立的教室，但在不隔音的公共空间中，学习的专注性必然受到影响。且公共空间的使用也因为实践课程的设置而难以平衡。

四、学习空间的改造策略与实践

“新闻与摄影”创新工作室课程的设置使同学们能够较为系统地学到新闻写作、影像常识、拍摄技巧等方面的理论知识。在参与各类校园影像教育创作实践活动的过程中拓展和提升“核心素养”，为学生动手能力、审美能力和科学创新素养的培育搭建舞台的同时也能够为同学们高考专业的选择和未来职业生涯规划奠定人文科学基础。结合“新闻与摄影”创新工作室理念，从学习空间改造这一角度切入，对本学期开展的体验课程有以下几方面的完善思路：

（一）增强课程学习空间建设的“共情”能力

在前期项目工作室的学习空间设计中，主要由任课教师根据教学的内容与需求负责学习空间的布置与规划，很难做到师生共同参与，这在一定程度上就造成了专用学习空间与学生之间关系的缺失，这种割裂让学习空间在课程开展的过程中难以满足学生的真实需要。①

为了使学习空间不仅仅被当作一个“学习场所”，在学习空间再造的过程中，要充分调动师生共同参与的积极性，通过广泛收集学生与任课教师对于项目工作室学习空间建设的意见，让学生直接参与到学习空间的设计和布置中来。例如，通过开辟“摄影作品展示区”、举办“影像成果展”等系列活动，让学生成为学习空间布置的参与者，在激发学生创造力的同时，增强其对学习空间的认同，让学生能够通过学习空间获得“真实的体验”，在营造开放、共融的学习空间的同时让学生能够在选取、设计、讨论、布置优秀作品的过程中加强师生与生生间的合作交流，激发学生学习的体验性、主动性，从而达成学习方式的变革，培育学生主动探究、乐于实践的实创素养。

（二）优化正式学习空间的功能划分

通过优化现有学习空间的功能区域，打破学习空间布局相对固化与单一，实现空间功能的转变，从而突破传统以“教”为中心的教学模式，为学生自主学习、跨学科小组学习、综合实践活动提供支持，满足学生个性化发展需求，营造学习的气息与氛围，培育学生实创素养。

---

① 秦一鸣，于竞．高校学习空间变革：趋势、特征与优化[J]．重庆高教研究，2021，9(02)：71—81.

1. 项目工作室

优化后的学习空间，不仅要支持实践体验活动的开展，更要支持多种不同的互动模式，包括师生互动、生生互动、人机互动等，加大教学空间中流动性配置的灵活性与适用性。在“项目工作室”的学习空间优化中，我们将划分“问题探究”“创意实践”“成果展示”三个功能区。

在问题探究区开展基础理论的教学工作，根据活动设置自由拼接桌椅，实现空间变换，满足学生自由分组，进行讨论合作的需求。同时根据课程内容的安排，在该区域组织学生开展小型交流展示活动。

在创意实践区完善摄影棚的相关硬件设施配置，如增加绿幕、小型摄影棚、柔光箱等拍摄道具，同时提供数码相机（微单）、DV 录像机等，为学生进行“静物摄影”“创意摄影”“人像摄影”等不同类型的摄影实践创作提供资源支持。

2. 共享学习空间

对人文创意厅这一共享学习空间的利用进行合理规划配置，根据课程内容的不同与需求错峰使用。同时利用开放、共融的共享学习空间，搭建个性化学习平台，充分发挥情境体验与成果展示区的功能，将学生的优秀作品进行公开展示与分享，增加学生在学习过程中的主动性、交互性与体验性，实现公共空间与独立空间的互补。

（三）共建 O2O 学习资源空间

根据课程设置的内在需求，打造特色学习资源，加强 O2O 模式（online/offline/outside）学习支持，实现线上共享学习资源与线下个性化教学相结合的同时，通过“内联外引”整合师资；邀请往届考取影视传媒专业的同学回母校分享交流影像教育的魅力；利用校内外各类影像技能竞赛活动，满足情境化教学需求的真实户外场景学习，激发学生学习的主动性、交互性与独立性。

立足学习空间的现状与学生的学习需求，建设结构化的学习资源库。通过工作室服务器，打造支持人机交互的网络学习空间，综合运用现代技术手段，改变传统的教师教学方式。在积累丰富的学习资源的基础上，对其进行梳理，形成清晰的资源结构，按年级、模块、类型等维度进行整合，从而为学习者配置不同的学习任务，引导他们自主选择获取相应的学习资源，培养自主学习能力与意识，促使学生改变原有的学习方式，开展自主选择性学习，真正落实以学习者为中心的思想。

同时，充分利用区域共享平台课程资源，学生可以在数据库中自学相关课程。在网络学习空间的建设和实施过程中，学生自身也成为学习资源的建设力量，这种师生共建共享的教学资源促进了学习空间的迭代，进而推动学习方式的颠覆性转变。

五、学习空间再造助力学习方式变革

（一）支持项目式学习的情境化

通过对学习空间的再造，关注学习主体的主动参与、亲身经历、持续探究及情感体验。项目化教学模式在培养学生多维能力、提高学生核心素养方面有其独特的优势。学习情境越真实，学习者就越投入，距离教育目标的达成就越近。

“新闻与摄影”创新工作室学习空间的再造，重视对情境教学，项目式、合作式学习的环境支持，充分关注到影视特色课程的需求，结合校园新闻活动的特殊环境，从而创设更多情境化的学习模块，为学生提供更具真实性的学习空间。

如在创设情境化学习任务“校园电视节目”的大背景下设置“校园新闻报道”“校园人物采访”“校园风采展示”等小项目，引导学生在基础理论课程的学习上，选择自己感兴趣的项目成立探究小组。在“人物采访”等主题实践的活动中，充分利用共享学习空间（人义创意厅）的环境，营造电视人物访谈的真实场景，在活动开展的过程中充分调动学生主动探究、乐于实践、勇于创新的精神，增强学生在项目化学习过程中的主动性、交互性与体验性，转变学生学习方式。

（二）满足课程活动设计的丰富化

在学习空间再造的过程中，我们积极探索基于情境、问题导向的互动式、启发式、探究式、体验式课堂教学，从而转变学生的学习方式。

在“人物采访拍摄”课程中，关于“摄影景别”部分的理论知识，我们尝试邀请班中参与过“编导课程”的同学在“创意实践区”作为小老师进行授课，尽管该生关于理论部分的表述稍有瑕疵，但在台上台下的互动中，让我们意识到这次尝试充分体现了课程设置之初“以学习者为中心”的教学主张，互动教学模式改变了学生在课堂教学中的地位，使学生成为知识的主动构建者，能够在课堂中积极主动地去探索知识，推动深度学习的真正发生，而非被动地接受知识。学生在将自己内化的知识进行转化，进而不断输出的过程中，又会形成更加深入的理解与认识，这是对原有认知的再次学习与建构，他们成为了课程建设的参与者、合作者、贡献者和分享者，是非常重要的资源。

在项目任务的驱动下，组建 5—6 人的学习团队，通过实践探究锻炼团队协作精神；在与他人交流、展示、协作的过程中达成对知识的认识和理解的深化，实现了学生“自主、合作、探究”的学习能力培养，激发学生学习的问题性、体验性与独立性，从而实现“自主—协作—探究”式的主动学习。这也符合我校“双新”背景下，跨学科课程学习方式变革中“交互性”的学习特征。

(三) 达成学习评价体系的多元化

课程评价注重过程性评价与终结性评价相结合，包括学生的学习过程和最终项目作品，从而考查学生是否达成课程目标要求。学习空间中“成果展示区”与“共享学习资源库”的创建，为课程评价提供重要支持。“共享学习资源库”可以通过项目日记的方式，让学生将参与活动的表现、反思、策略随时以书面的形式记录下来，教师也可以在共享资源库中查看学生对资源库建设做出的贡献，综合形成过程性评价。“成果展示区”的作品与展示，可以通过自主评价、小组评价、教师评价等方式归入学生成长档案袋，形成终结性的评价。

六、结论与反思

在构建师生关系、生生关系、学习资源虚实关系的过程中，我们赋予了学习空间新的功能，在不同学习需求的萌发与满足的过程中，学习空间自身也在不断地迭代与完善，以学生为中心的教育理念也就得到了体现。

通过关注学习空间的利用与再造，学生能力素养的培养要突破传统物理学习空间的范畴限制，关注学习主体的主动参与、亲身经历、持续探究及情感体验。自主性学习空间在培养学生多维能力、提高学生核心素养方面有其独特的优势。学习情境越真实，学习者就越投入，距离教育目标的达成就越近。而学科知识的灵活运用有助于打破知识学习与实际生活之间分离的状态，也就是我们传统意义上所说的理论与实践脱节。学习者不仅可以获得对知识的丰富理解，进行有效的学习，也可以在提升相关实践能力的同时解决实际问题，产生具有创造性的想法、观念和“产品”，最终促成学生的个性化发展。

（本文作者：上海市中原中学　龚瑶）

8. “学、练、赛、评”一体化视角下健美操学习任务的设计与实施

摘要:学习任务的创设是课堂落实学生核心素养的重要手段,是促进学生展开自主学习的有效载体。本文从“学、练、赛、评”一体化视角下健美操的教学特征、健美操学习任务的设计策略及实施路径三个方面具体予以描述,辅以教学中案例说明,提升教学整体实效,全面落实核心素养。

关键词:学练赛评;健美操;学习任务

2020年10月,中共中央办公厅和国务院办公厅印发的《关于全面加强和改进新时代学校体育工作的意见》①指出,要逐步完善“健康知识+基本运动技能+专项运动技能”的学校体育教学模式,围绕教会、勤练、常赛的要求,积极完善评价机制,不断深化教学改革。同年,在教育部课程与教材中心组织推进的深度学习教学改进项目中,明确提出要设计具有挑战性的学习任务,用任务凸显学习活动的整体性和结果导向。创设基于真实情境的学习任务,是教学中学生开展自主学习的有效载体,是达成学习目标、培育学科核心素养必要的学习手段和有意义的实践活动。但在实施过程中,依然存在“理念好、落地难”的现象,部分教师在教学过程中对于学习任务的设计、实施、评价仍存有疑惑,特别是面对《体育与健康》新教材,如何进行教学内容重组,以及如何根据教学内容设计出符合学生学情的学习任务,将“学、练、赛、评”巧妙地贯穿整个课堂,是现阶段急需解决的问题。基于此,本文以“健美操:手臂动作组合与术语的联结”18课时大单元为例,通过分析和反思,探索“学、练、赛、评”一体化视角下健美操学习任务的设计与实施。

① 中共中央办公厅 国务院办公厅. 关于全面加强和改进新时代学校体育工作的意见[EB/OL]. (2020-10-15)[2024-8-1]. https://www.gov.cn/zhengce/2020-10/15/content_5551609.htm.

一、相关概念

（一）“学、练、赛、评”

“学”，即学习（教会），是指学生学习体育运动技能的过程，使学生实现从无到有、从生疏到熟练的基本途径；“练”，即练习（勤练），是围绕技能学习和体能发展，采用多种有效练习方法让学生亲自体验、反复操作、熟能生巧的过程；“赛”，即比赛（常赛），是学生学习过程中进行的各种比赛，是学、练的有效补充和拓展，也是检验学生学练效果的重要手段；“评”，即评价（常评），是对教与学的评估和反馈，是对学习成果检验以及教学内容反思改进的重要组成部分①。

“学、练、赛、评”一体化是将“学、练、赛、评”看作一个不可分割、和谐统一的整体，将其融入到教学的各个环节，共同促进学习目标的达成，实现学科核心素养的真正落地。

（二）学习任务

学习任务的创设是课堂落实学生核心素养的重要手段，本研究中的学习任务可以将其界定为在一定的教学情境中，为达到既定的学习目标，掌握学习内容，落实学习方法，结合学生学习情况设计具体任务驱动学生的学习活动②。学习任务的设计要具有情境性、挑战性、系统性，落实“学、练、赛、评”一体化，引导学生在完成任务的过程中将学习任务转化为所期望的学习结果。

二、“学、练、赛、评”一体化视角下健美操的教学特征

（一）探寻学科大观念，重构单元学习内容

大观念是对概念之间关系的高度概括或对核心概念的概括性表述和系统阐释③，是学科课程特质与核心思想的集中体现，处于学科的中心位置④。大观念在教学中的理解与运用，能够以整体性的教学解决知识碎片化、思维浅表化、教学表层化等问题，实现学科核心素养的真正落地。“学、练、赛、评”一体化视角下的健美操课堂教学，要求教师基于健美操大观念的单元整体教学要求解决四个问题：为什么教、教什么、怎么教、教到什么程度；同时从培育学生核心素养的视角把握整体教材，以学生角度明确四个问题：为什么学、学什么、怎么学、

---

① 蒋新成，钱明明. 基于课程一体化视域下实施“学-练-赛-评”的策略[J]. 浙江体育科学，2020，42(06)：48—52.

② 王蕊. 具有挑战性的化学学习任务设计研究[D]. 山东师范大学，2022.

③ 冯春艳，陈旭远. 以大观念为中心的教学：基本内涵，价值向度及设计路径[J]. 教育学报，2021，17(03)：85—94.

④ 邵朝友，崔允漷. 指向核心素养的教学方案设计：大观念的视角[J]. 全球教育展望，2017，46(06)：11—19.

学到什么程度，并以此逆向设计单元教学。

例如，在进行健美操单元教学设计时，教师从学科大概念出发，结合学生实际情况，聚焦关键的学科知识和能力，对健美操教材中“具有某种内在关联性”的徒手动作组合、轻器械动作组合与健美操术语等相关内容进行分析、解构、重组、整合，按照学科核心素养发展阶段，将本单元学习主题确定为“健美操：手臂动作组合与术语的联结”，根据学生当前对知识与技能的掌握情况，对单元学习内容框架进行梳理，精心设计十八课时单元教学内容，层层递进，引导学生对健美操知识与技能进行整体的认识、理解与运用。

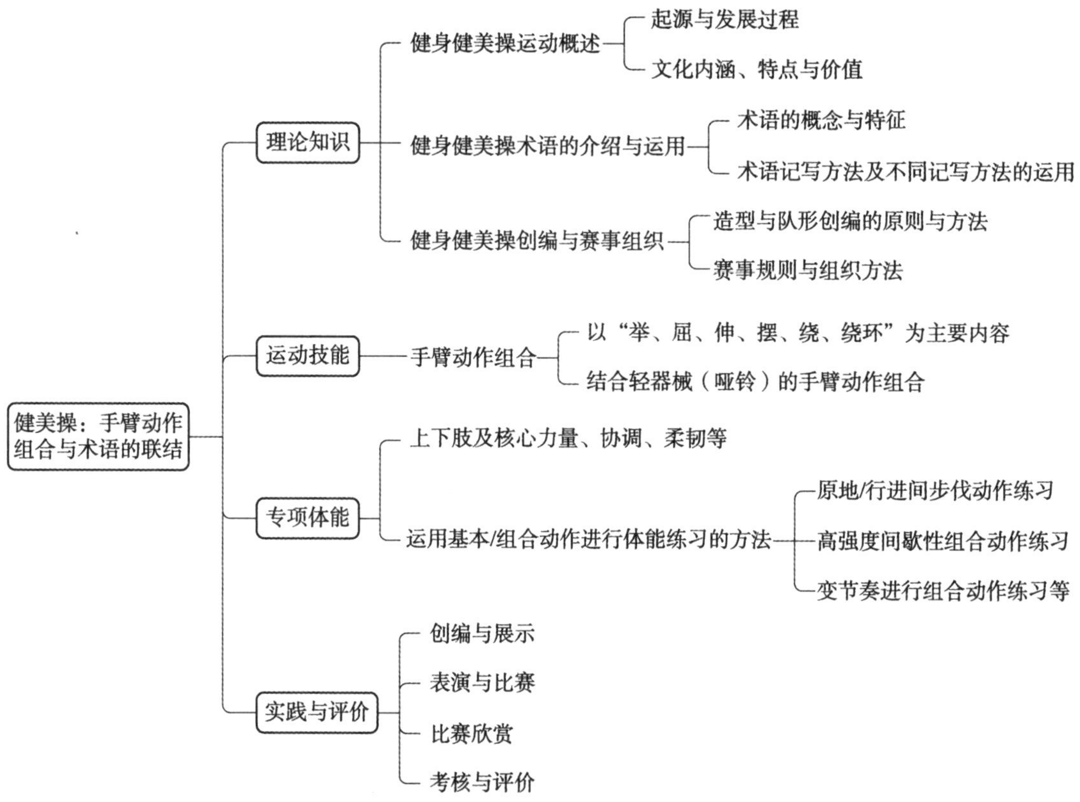

图1 “健美操：手臂动作组合与术语的联结”单元学习内容结构图

（二）设计学科大任务，推动学科内容的主动建构与生成

大任务是指在教学之初，设计一个统领性的大任务、大问题引领学生探究，实现系统化的知识建构①。大任务的确定不是简单的目标堆砌，而是围绕一个核心任务或核心问题，在

① 邱莉，牛芳菊，杨宁. 大观念统领、大任务驱动的初中信息科技单元教学设计[J]. 中小学信息技术教育，2023(Z1)：63—65.

真实的情境中展开的自主、合作、探究的学习活动。在任务的课堂教学中，学生成为了课堂的主角，教师则成为引领者、辅助者、支架提供者。在任务的解决中培养学生的思维方式和行为方式，最终落脚在真实应用，实现“学科知识—学科本质—学科创造”的核心素养落地的实践。

例如，在设计“健美操：手臂动作组合与术语的联结”单元时，创设真实的学练情境，通过“情境＋任务”指向学科核心素养的关键，用“在何种情境下能运用什么知识完成什么任务”来评价学生学科核心素养的达成程度。基于此，本单元将围绕下述大任务展开：本学期我们班在运动会上将要参加健美操比赛，同学们要完成两项任务。第一，结合本单元所学健美操知识与技能，每个小组改编 8×8 拍的健美操手臂动作组合，重新配以合适的音乐，拍摄成视频，经全班同学投票后选出最佳组合动作；第二，采用表格记写法分别对视频中动作的步伐、手臂、手型、方向等进行记写，制作成手臂动作组合图解，提供给班级同学学习。

三、“学、练、赛、评”一体化视角下健美操学习任务的设计策略

（一）寻找承载核心知识的学习任务，挖掘核心素养

“学、练、赛、评”一体化视角下健美操的学习不仅仅是让学生获得核心知识和技能，还要让学生在学习过程中获得学科核心素养的发展，充分挖掘健美操项目的育人价值。因此，教师在进行健美操任务设计时，需要在明确内容结构的基础上，挖掘所要达成的学科核心素养，寻找承载核心知识的问题或任务，特别是学生感兴趣的热点问题，以及贴近学生生活实践的实际任务，以实现学科核心素养的“落地生根”。

例如，在“健美操：手臂动作组合与术语的联结”单元中，教师组织学生以小组为单位，改编 8 个八拍手臂动作组合并根据学习的健美操术语制作动作图解，供班级同学学习。学生在小组合作完成任务的过程中明晰了动作编排的要点和注意事项，掌握并熟练运用术语的记写方法，不仅获得了新知，还增强了团队的凝聚力，提升发现美、欣赏美、创造美、展示美的能力。

（二）设计符合学生“最近发展区”的挑战性学习任务，突出实践导向

“学、练、赛、评”一体化视角下健美操学习任务的设计要体现“学习内容的挑战性”，所谓的“挑战性”，对学生来说既不要让他们学得太轻松，失去学习的兴趣，又不要学起来太难，对学习产生畏惧心理，而是在符合学生实际情况的同时，具有一定的超越性，基于学生“最近发展区”特征进行进阶设计，做到让学生跳起来就能“摸得着、够得到”，激发学生学习内驱力，让学生在原有基础上有更多的收获。

例如，在“健美操：手臂动作组合与术语的联结”单元中，教师设计“冲关你最棒”游戏闯关任务，学生根据屏幕上的健美操术语，快速反应，做出相应动作，最后对照正确动作，看看能够做对几个，帮助学生复习检测学习成果的同时，提高动作与术语的转换能力。“冲关你最棒”学习任务不是一成不变的，它会根据学生的学习层级，设计进阶挑战任务，可以根据术语做出动作，也可以根据动作写出相应的术语，难度依次递增，打通动作与术语的密码，实现动作与术语的联结。

（三）创设与日常生活紧密连接的真实情境，培养能力建构

学习任务的开展需要创设贴近学生生活经历的真实教学情境。将知识点置于情境之中，引导学生主动参与到教学活动中去，用结构化的知识和技能发现问题寻找方法、解决问题建构知识、应用方法优化生活，实现“真正的学会”。

例如，在“健美操：手臂动作组合与术语的联结”单元学习中，教师创设“参加健美操比赛”的大情境，将健美操知识与生活经验相关联，引导学生运用综合知识、技能和方法解决“比赛准备”过程中遇到的实际问题，给学生搭建平台将所学的知识技能迁移到日常生活情境中，培养学生解决实际问题的能力。

四、“学、练、赛、评”一体化视角下健美操学习任务的实施路径

（一）紧扣单元目标，确定学习任务

单元学习目标是核心素养在单元中的具体化，是学生在完成单元学习后学科核心素养达成情况的具体体现①。教师可以通过最终要达成的单元目标逆向设计单元大任务，以大单元和大任务为载体，结合教学内容结构，创设多个子任务，在单一的知识、技能之间建立有机联系，把“学、练、赛、评”融入整个单元教学中，将学习任务充分聚焦在实践运用上，以真实情境中的具体问题为指向，帮助学生在任务的完成或问题的解决中获得新知识、新技能，实现从“学会”到“迁移与创造”的转变。

就“健美操：手臂动作组合与术语的联结”单元而言，不仅仅是要教会学生一套技术动作，还要培养学生健美操术语与动作的转换能力，关注学生学习的过程中，完成从学会到会学、会创编、会欣赏、会运用的转变。因此，在进行“健美操：手臂动作组合与术语的联结”单元任务设计时（如表 1），教师根据单元教学最终要达成的目标提炼出具有强驱动力的大任务，这个大任务是结合学生日常生活实际创设的真实任务情境，以“顺利完成健美操比赛”为目标，让学生在整个单元学习中沉浸式地投入到“准备比赛”的氛围中；根据“比赛”的阶

① 李荔，陆龚超，许莹等.海派学校体育文化：从理解到行动[J].体育教学，2021，41(03)：55—58.

段性，相应地拆分为数个子任务，再将子任务落实到课堂中去分解为一个个小任务，使任务贯穿于大单元学习的始终，增强学习的目的性和任务意识，便于知识的建构和能力的提高。

表 1 “健美操：手臂动作组合与术语的联结”任务设计

单元目标	大任务	子任务
1. 熟练掌握健身健美操手臂动作组合，并能配合音乐节奏展现动作美感，提高身体控制能力和审美能力；在协调连贯完成组合动作的基础上尝试动作创编，大胆自信地进行展示；认识并理解健美操术语，能够在各种情境中记写和运用术语，尝试将术语与动作联结，能运用美术、音乐学科知识尝试制作健身健美操动作组合图解。 2. 通过单个动作、完整动作的强化练习，以及持续一定时间和强度的体能练习，发展上下肢力量，提高弹跳能力和腰腹肌力量；掌握正确的运动方法，能够根据自身情况及时进行强度、密度和情绪的调节。 3. 培养互助合作探究的学习品质，提高团队协作能力，逐步养成自尊自信、敢于展示自我等的良好品质。	本学期我们班将要在运动会上参加健美操比赛，同学们要完成两项任务。第一，结合本单元所学健美操知识与技能，每个小组改编 8×8 拍的健美操手臂动作组合，重新配以合适的音乐，拍摄成视频，经全班同学投票后选出最佳组合动作；第二，采用表格记写法分别对视频中动作的步伐、手臂、手型、方向等进行记写，制作成手臂动作组合图解，提供给班级同学学习。	掌握手臂动作组合 展示手臂动作组合 完成动作造型创编 完成手臂动作组合创编 运用表格记写法进行组合动作术语记写 制作手臂动作组合图解

（二）设计学习活动，推动任务有效落实

学习活动、学习目标与评价任务是教学设计的三个组成部分，是一个整体，在明确了学习目标和学习任务后，学习活动的设计尤为重要①。高效且多样化的学习活动设计，能有效推进课堂教学，通过整合不同情境下的具体教学任务，促进学生学会在不同情境下运用结构化的知识与技能完成不同的学习任务，解决不同的问题，从实践层面不断推进落实学科核心素养的培养。

例如，在“健美操：手臂动作组合与术语的联结”单元教学第 4 课时“手臂动作组合（二）”的学习中，教师将学习任务设定为“掌握手臂动作组合（二）”，并设计出与此配套的 3 个学习活动：“连连看”“节奏掌控”“我行我秀”，帮助学生在学练中更好地掌握“举、屈、伸”等动作，建立术语与手臂动作转换的初体验，并尝试在展示情境、比赛情境中运用，将“学、练、赛”巧妙地融入课堂教学中。

① 崔允漷. 有效教学[M]. 上海：华东师范大学出版社，2009.

表 2 “第 4 课时　手臂动作组合(二)”学习活动设计

课时内容主题	学习任务	学习活动
第 4 课时 手臂动作组合(二)	掌握手臂动作组合(二)	①“连连看”游戏:设置三种模式,难度依次递增,在 10 秒倒计时结束前将屏幕上呈现的术语与手型、手位图片进行配对。将带有箭头标记动作路线的“举、屈、伸”等动作视频进行循环播放,在学练中体会动作路线与发力顺序
		②“节奏掌控”环节:进行节奏递增的手臂动作组合练习,在练习强度递增中不断增强动作的定位制动。采用“念动训练”的方法,将手臂组合动作在头脑中完整想象一遍,再跟随音乐练习
		③“我行我秀”环节:依据造型编排的基本规则,增加开始与结束造型,体现出层次分明、过渡自然的编排效果

(三) 依据评价任务,检测目标达成成效

“有任务必有评价。”评价任务是检测学生学习目标是否达成的学习任务。在教学过程中,通过任务、活动的设计和实施,引导学生始终记得学习的目标,及时了解和反思自己学习目标是否达成,为学生提供学习支架和资源支持,促使学生深度学习能够真正发生[①]。

例如,在“健美操:手臂动作组合与术语的联结”单元教学中的单元评价大任务设计中,教师将评价任务嵌入教学过程,实现“教、学、评”的一致性,这里的“评”既有针对运动技能的评价,也有对“学、练、赛”实施结果的评价。

表 3 “手臂动作组合与健美操术语的联结”单元评价任务

<table>
<tr><th>评价任务</th><th>学习活动</th><th>学习支持</th><th>学习评价</th></tr>
<tr><td>创编手臂动作组合,运用健美操术语记写手臂动作组合</td><td>学习活动 1:学习并掌握手臂动作组合</td><td>提供分解动作的视频、音乐等资源</td><td>健美操手臂动作组合技能核查表
<table>
<tr><th rowspan="2">检核内容</th><th colspan="4">检核结果</th></tr>
<tr><th>完全符合</th><th>基本符合</th><th>基本不符合</th><th>完全不符合</th></tr>
<tr><td>动作正确、路线准确</td><td></td><td></td><td></td><td></td></tr>
<tr><td>手臂动作快速到位、及时制动</td><td></td><td></td><td></td><td></td></tr>
<tr><td>动作之间衔接自然、流畅,与音乐协调配合</td><td></td><td></td><td></td><td></td></tr>
<tr><td>动作自信、有感染力</td><td></td><td></td><td></td><td></td></tr>
<tr><td>体现积极向上的情绪</td><td></td><td></td><td></td><td></td></tr>
</table></td></tr>
</table>

① 李荔,陆龚超,许莹等.海派学校体育文化:从理解到行动[J].体育教学,2021,41(03):55—58.

续　表

<table>
<tr><th>评价任务</th><th>学习活动</th><th>学习支持</th><th>学习评价</th></tr>
<tr><td rowspan="3"></td><td>学习活动 2：
创设冲关情境，在规定时间内，根据屏幕上的术语提示完成相应的手臂动作</td><td>“冲关你最棒”视频：
共 10 个动作，根据屏幕上的术语完成相应动作，与示范动作做对比，看一看你能做对几个</td><td>“冲关你最棒”评价表
<table><tr><th>评价标准</th><th>评价等第</th></tr><tr><td>能够根据术语正确完成 9—10 个动作</td><td>优秀</td></tr><tr><td>能够根据术语正确完成 7—8 个动作</td><td>良好</td></tr><tr><td>能够根据术语正确完成 5—6 个动作</td><td>合格</td></tr><tr><td>能够根据术语正确完成 5 个以下动作</td><td>有待提高</td></tr></table></td></tr>
<tr><td>学习活动 3：
创编 8 个八拍的手臂动作组合</td><td>提供不同的手臂动作组合的视频学习资源</td><td rowspan="2"><table><tr><th>评价标准</th><th>评价等第</th></tr><tr><td>组合动作创编合理流畅，能够结合视频采用文字或表格记写法记写动作，术语表述规范准确</td><td>优秀</td></tr><tr><td>组合动作创编较合理流畅，基本能够结合视频采用文字或表格记写法记写动作，术语表述较规范准确</td><td>良好</td></tr><tr><td>组合动作创编比较合理流畅，在教师帮助下结合视频采用文字或表格记写法记写动作，术语表述基本准确</td><td>合格</td></tr><tr><td>组合动作创编不够合理流畅，采用文字或表格记写法记写动作时困难较大，术语表述不够规范准确</td><td>有待提高</td></tr></table></td></tr>
<tr><td>学习活动 4：
结合视频，采用表格记写法进行术语记写，小组进行交流</td><td>提供查阅资源的电脑、空白画纸和记号笔</td></tr>
</table>

（四）基于评价反思，锚定学习新任务

评价反思不仅仅是指教师的反思，也是指学生对学习评价的一种反思，这里的学生评价可以是自评，也可以是互评。学生在教学中主动发现问题、积极探索实践、解决真实情境任务中的问题的过程也是能力提升的过程，学生只有经历知识技能的获取、实践、反思、再实践，才能将所学的知识技能进行内化。教师将评价进行整合，了解学生“学到哪里”“学到什么程度”，针对课堂教学中出现的问题及时进行调整，根据学生的学习掌握情况重新进行任务的设计，为下一阶段的学习进行锚定和明确新任务，让“学、练、赛、评”一体化真实落地。

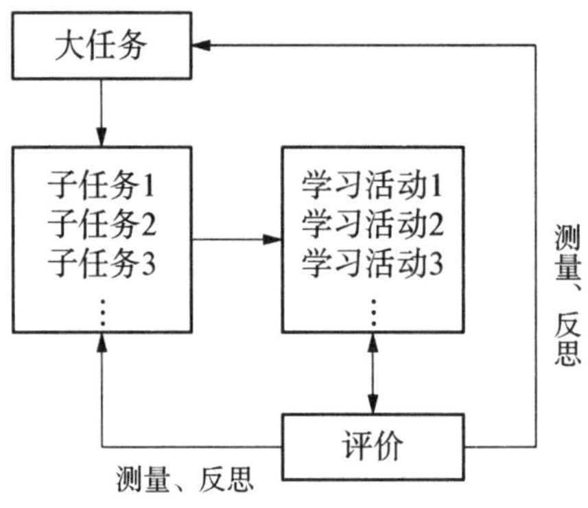

图 2 “任务、活动、评价”流程图

五、结语

在注重核心素养培育的新教学背景下，对教学中任务的设计提出更高的要求，“学、练、赛、评”一体化视角下学习任务的设计要“共同指向学生的核心素养发展，具有情境性、实践性、综合性”，引导学生在真实的情境、真实的任务中发现问题、解决问题、建构知识、运用知识，让学习真正发生，素养真正落地。

（本文作者：上海市民星中学　许莹；澳大利亚墨尔本大学　崔霂）

9. “双新”背景下高中语文创智课堂作业设计研究

摘要:“双新”背景下,结合教育数字化转型,对学习环境进行创新,使高中语文课堂作业设计有了更多创智的可能性。设置适切的学习任务,提供适配的搜索工具,提升作业的趣味性,激发学生对学习的期待;设计作业时根据个体差异,提供指向学习目标的、多样的、可选择的作业,使其更有针对性,增加作业的层次性,并提供心理支持;建立学习社群,设计更多交流互动,改变评价主体和方式,共建学习资源,这些都是课堂作业设计所需关注的部分。充分利用支持混合式学习的数字化学习环境,可提升课堂作业的有效性,创生师生更多课堂智慧,提升学生核心素养,获得更大提高。

关键词:数字化学习环境;趣味性;层次性;交流性

互联网时代,学生的阅读模式、写作方式正在发生着巨大改变,多姿多彩的网络环境和各种层出不穷的平台为学生语文核心素养的提高提供了丰富的资源、工具、条件及可能性,其飞速并且深刻地改变着高中生的语文学习方式,影响高中语文课堂的呈现形式。充分利用混合式学习的数字化学习环境,可以大大提升课堂的有效性,并且,比起以往任何时候都更能关注到学生的个体成长。高中语文课堂作业是课堂教育教学的重要组成部分,双新背景下高中语文课堂作业设计的研究,可助力课堂,让学生真实有效地进行课堂学习,创生智慧,获得提高。

高中课堂作业有别于课后作业,更关注即时的课堂吸收情况、学生当课的所获所得。它能为课堂上教师引导学生学习与思考提供支撑,也能为课后作业设计与调整提供可靠依据,为后续教学内容的延伸和改变提供方向,属于课堂教学活动和任务中不可或缺的环节。在以往传统课堂上,教师布置课堂作业的形式、学生们完成课堂作业的形式都比较单一,由于时间和空间的限制,教师批阅、学生交流课堂作业也受着制约。教师或选择学生口头表达,或选择学生板演展示,关注到的学生人数有限,学生参与的积极性也不够高,几乎只能关注到作业成果的呈现,无法进行过程性评价,也比较难以实现评价主体的多元化,课堂作业的有效性亦得不到保证。

一、找准定位，提升趣味

由于学生常常将作业当作负担，课堂上讨论可以很热烈，但一到课堂作业的环节，往往哀声一片。作业形式单一，反复操练较多，教学内容很难契合学生兴趣点，是主要原因。

美国著名心理学家布鲁纳说："学习的最好的刺激，乃是对所学材料的兴趣。"《普通高中语文课程标准（2017 年版 2020 年修订）》（以下简称《课程标准》）中给出建议"要打通语文学习和学生的生活世界，运用优质的素材和范例，激发学生的学习兴趣和动力。"[①]要创建灵活的、激发创新可能的课堂环境，高中语文课堂作业设计就应该要有创新，增加趣味性。

那么该如何找准定位，找到学生的兴趣点呢？笔者认为应该考虑学生的年龄层特点，通过问卷形式，充分调研、认识学生的兴趣爱好。高中生正值青春期，在课堂作业内容中设计关于青春的话题来体现学科实践的学习任务，大多能调动学生的积极性。此外，这一年龄层还有争强好胜的特点，因此在技术层面，也可利用信息技术手段起到激励学生的作用。信息技术手段进入课堂，不仅可以利用检索等功能充当工具使用，更可以直接助力课堂，提高学生的学习兴趣，并且在这过程中创生新的智慧，提升核心素养。

（一）内容激趣

例如在设计必修下册的《红楼梦》整本书阅读单元课堂作业时，考虑到处于青春期的学生很容易对《红楼梦》中关于青春生命的叹惋产生共鸣，其中青年人对青春的觉醒、对人性自由的向往、对爱情自主的追求都容易引发学生的讨论和探究的兴趣。因此，在其中一次课堂作业设计中，笔者布置课堂作业："请大家用阅读器，检索第三回至第三十七回中提及的贾宝玉、林黛玉、薛宝钗曾经阅读的书目，根据最近我们的研读成果，为贾宝玉、林黛玉、薛宝钗各拟一份书单。"此作业的创设基于真实的学习情境，其设计的目的是帮助同学们进一步理解宝玉崇尚人性自由、爱情自主的思想同封建正统思想之间的冲突；体会宝黛不同流俗的地方；理解宝玉疏宝钗、亲黛玉的原因等。关于宝玉之所以选择黛玉而非宝钗，很容易引发青春期学生的讨论，不失为一个不错的兴趣点。

此外，传统课堂上，很难迅速检索三十四回内容，数字化手段进入课堂，为学生查找、获取资源提供了搜索工具。

（二）技术激趣

例如，设计选择性必修中第一单元"人应当坚持正义"课堂作业为："请同学们在 App 分组共享中对以下问题做出自己的选择，并阐明理由——苏格拉底拒绝越狱逃跑的态度及其

---

① 中华人民共和国教育部. 普通高中语文课程标准（2017 年版 2020 年修订）[S]. 北京：人民教育出版社，2020.

所体现的精神历来广受赞赏，但也有人认为，雅典法庭判处苏格拉底死刑的罪名是‘不敬神明’，这种判决是不正义的，苏格拉底欣然接受不正义的判决，这种态度不值得赞赏。逃或者不逃，你怎么看？”同样是这个问题，传统作业中，学生只能在交流时知道其他同学的选择。利用 App，可以在做选择时，甚至自己仍然在思考时，就能看到其他同学的选择，以及同学们逐步完成并完善的理由阐述。这个年龄层的孩子颇有“争一日一时之长短”的特点，在创造了交锋的条件后，能够充分调动学生完成课堂作业的热情与积极性。

当然，如果学情是学生比较容易懈怠，也可以设置好参看其他同学答案的时间，或者设置提交作业后可见。相信，在找准定位、提升了作业趣味，并提供了有效的学习支撑后，必然会促进学生互动和交流，让学生更主动参与完成课堂作业。

二、根据学情，体现层次

传统的课堂作业，由于时间实在有限，一个老师也分身乏术，难以当堂批阅不同学生、不同层次的作业。因此，很难形成相同学生不同梯度的差异性作业以及不同需求与能力学生作业的差异性，没有差异性就没有针对性，其有效性就难以保证。

高中语文课堂作业设计应该要有层次性，这个层次性包括作业设计的梯度以及学生个体化差异。《课程标准》中指出：“鼓励学生根据个人兴趣、能力和特长，自主选择学习内容和学习方式，学会自我监控和学习管理，探索个性化的学习方法。”[①]因此，在数字化手段日益丰富的条件下，学习环境得以创新。面对实际不同层次的学生，老师应该要尽可能多地设计作业形式与内容，供不同需求、不同个性和不同能力的学生自主选择，也帮助每一个学生搭好支架，迈好每一个台阶，获得提高。

（一）作业设计体现层次

根据作业难度的不同，可以分层为 A、B、C 三个层级，前一项作业是完成后一项作业的基础，后一项作业必须以前一项作业为台阶才能高效完成。对于不同能力的学生而言，学生可以选择自己能达到的高度来相应完成不同梯度的作业，量力而行，增强信心，提升兴趣。对于同一个学生而言，三个层级的作业，可以引导学生进行有序思考并且逐步深入与完善。数字化环境可以将三个层级作业题同时发布，无法完成部分层级的学生可以通过平台查阅到其他同学的作业内容，得到启发。

例如笔者在设计“学习比喻型作文”的当堂作业时，安排了以下分层作业：A 指出材料中的关键词，并写清楚其喻体特点。B 根据喻体特点及材料表述找到所喻本体。C 尝试写下可以立意的角度。要求选择自己可以完成的作业，直接写在 App 公屏里，所有同学皆可查看。

---

① 中华人民共和国教育部. 普通高中语文课程标准（2017 年版 2020 年修订）[S]. 北京：人民教育出版社，2020.

这三项作业从基础知识的理解与运用到思维能力的提升逐步提高，通过课上平台查阅其他同学关于更高层级问题的回答，可以获得快速、有效的提高。

（二）学生个性化差异体现层次

当堂作业要根据学情设计符合学生实际能力和需求的作业内容，还应根据学生个体，增添个性化色彩更为浓重的作业形式。每个学生都是不同的，同一个班级的同学能力参差不齐，个性不同，擅长的领域也不相同。语文课当然要培养学生的语言表达能力、文字掌控能力，但是有的学生文采斐然，那么就愿意用文字来表达，作为语文老师当然欢迎；但有的同学文学功底不够，有时话在心中难言清，因此面对这样有难度、有深度的问题就会畏难退缩。课堂作业时间虽然有限，但时常拒绝参与，学生差距只会越来越大。因此除了可以根据作业难度的不同进行分层，还可以利用信息技术手段打通学科界限，布置并快速回收能体现学生不同兴趣与爱好的个性化作业。这样创建的心理环境是安全的，能够提供给学生心理支持。

例如在设计必修下册第六单元单元任务“社会环境与人物命运的共生关系”的课堂作业时，笔者尝试了以下作业设计：“请同学根据自身爱好和习惯分析解说本单元课文中的人物与社会环境的关系（可选择单篇，也可以选择多篇，选择多篇的同学要注意篇目之间的共性和差异），完成这项作业可以选择文字、画画、横纵轴图表、思维导图、配乐等方法，不求统一，但求表达你的理解，请直接发布在平台讨论区。”面对这样形式的作业，学生能各展所长，自主选择有了可能。图表、思维导图能充分培养学生的思维逻辑性，自然也是语文所需培养的能力。而艺术是相通的，那么借由画画或者音乐来表达，又有何不可呢？线上图片、音乐资源丰富，也为这项作业的完成提供了技术支持。愿意尝试，是踏出走近语文的第一步，提供指向学习目标的、多样的、可选择的作业是助力学生参与并获得提升的重要途径。同步发布在平台上，也是发展了激励策略，对学生个体的鼓励。

三、创造条件，增进交流

长久以来，教师是作业评价的主体，给学生的作业一个等第和结果性评价是作业评价的常态。但是随着时代的进步，“学生是学习主体”是普遍认知。《课程标准》倡导注重展示学生自我发展的过程；要求语文老师引导学生通过评价反馈，调整学习进程，制定学习规划；利用不同主体的多角度反馈，帮助学生更好地认识语文学习与个人发展的关系，学会自我监督和管理。①

利用数字化学习环境可以改进评价方式、改变评价主体、关注过程性评价、增加评价的有效性。在设计高中语文课堂作业时需要创造条件建立学习社群，促进学生互动、写作与交

---

① 中华人民共和国教育部.《普通高中语文课程标准（2017 年版 2020 年修订）》[S]. 北京：人民教育出版社，2020.

流，引导学生与教师共同创建学习资源。

高中语文课堂一般是40分钟一堂课，课堂上环节任务不少。怎样才可以最大化提高效率和课堂有效性？最大限度地增加作业的反馈评价和交流？笔者认为课堂作业的反馈和交流应该分成课堂上和课堂后两个部分。课上即时反馈能让师生都了解课堂教学实际效果，能及时了解学生薄弱部分并帮助调整后续学习内容和方法。课后反馈和交流能弥补课堂上交流时间不够充分的问题，在深度、广度方面可以有进一步提升的空间和可能，让课堂得到延伸。

（一）课上交流

利用App中小黑板功能，让每个同学“上黑板”。教师可以同步关注学生完成作业的过程，了解个体学生答题进度，学生迟疑答题所表现出的困难点，把握学生整体答题时间和节奏，调整教学内容。学生完成后，教师回收小黑板并开放同学分享功能进行交流。及时评价、开放评价、多元评价增加了作业的交流性。通过对学生表现的观察、轶事记录、等级量表等评估学生学习过程中的思维能力、实践能力、与人合作的能力、态度情感等。

例如，在一次考试作文分析课上，笔者设计学生互助品评：“请同学们打开‘小黑板’，在‘小黑板’上完成解析期中考试同学作文示例中开头段，总结常见写作误区。”又如布置“实践与运用”作业时，要求学生结合典型例子，同学们动手练一练，写作一个语段。这两项作业的反馈交流都是在课堂上完成的。交流过程中学生可以随时提问、随时表达、随时质疑、随时交锋、随时修改，而在这样的对话式批改、交互式交流中，教师可以“随时引导、随时点拨、随时评价、随时鼓励、随时调整”。这在传统课堂作业的反馈中是难以实现的。

（二）拓展课堂

有些课堂作业不能在课堂上得到有深度的反馈，那么就可以利用网络平台，结合课后作业，做更多课下交流和反馈。平台上的交流让部分羞涩学生更加敢于表达自己的观点，有了更充分的时间思考也让质疑和修正有了获得更多依据的可能。而师生之间、生生之间的情感和思想沟通也变得更加及时、更加容易，不再受时间、空间的制约，能真正实现异时空的多向互动的新型交流。平台上传作业后，师生可以一起欣赏、评论，形成更多元评价主体。经过大家推选的优秀作业还可以安排线上，例如班级公众号、家长群、平台“模范作业”功能来展示，并且获得再交流机会。这样做可以让更多人参与评价，增加互动，交流评价的主体由“单一”走向“多元”，学生由被动接受教师评价，转变为可以主动参与评价，增加交流、提高兴趣、获得成功体验。

例如笔者在讲选择性必修中第三单元“回到历史现场”时，布置课堂作业：“哈姆雷特有一句经典台词——‘默然忍受命运暴虐的毒箭，或是挺身反抗人世无涯的苦难，这两种行为，哪一种更加高尚？’结合本单元几位历史人物（屈原、苏武、司马迁、贾谊）在各种痛苦境遇下的不同抉择，谈谈你对这句话的理解。请利用 App 公屏输入关键词或者发言提纲，然后口头表达完成该作业。”这样的课堂作业是综合性的难题，学生课上思考时间有限，表达的完整度可能有所欠缺，交流反馈时的深度也可能无法达到本题对同学们思考的引导要求。因此，可以在课后将更完整、更有深度的表达发布在平台上，让大家一起欣赏，互助合作，获得提高。

共同成长是交流能带来的巨大获益，在师生、生生的交流过程中，在民主开放的学习环境中，尊重并理解学生的观念和体验；当有不同观点时，引导学生相互理解、取长补短，丰富自己作品，从而生发更多智慧，提升自身思维品质。

综上所述，充分利用数字化的学习环境，高中语文课堂作业设计有了更多向好、向科学改变的可能。总结下来，有以下资源可以统筹使用：利用平台检索信息和资料可快速为学生提供课堂有效的学习支持；利用平台小黑板布置课堂作业，让所有同学都参与成为可能；利用平台查看同学课堂作业，既可以互相启发，又可以同台竞争，提高积极性，提供心理支持；利用平台完成课堂作业可以打破学科界限，更高效地体现个性；利用平台中的聊天区域或者公屏，可以让学生在口头表达作出快速反应后亦留有痕迹，不仅是自己课上的笔记，还是同学们共同创生的智慧，更是“头脑风暴”的过程和结果；利用平台进行反馈和展示，让评价走向多元与科学，延伸语文课堂，起到引导学生良性竞争，增加互动交流，共同创建学习资源。

根据学情，找准定位，充分考虑学生的年龄层特点、兴趣爱好来设计作业，提升语文课堂作业的趣味性，能吸引更多学生主动投入作业中来；设计作业时要关注到学生个体差异，设计相同学生不同梯度的作业以及不同学生的针对性作业，增加作业层次性差异，满足个体所需；设计作业反馈与评价时应更注意增加交流和互动，改变评价主体和方式，提升课堂的深度与广度。在数字化平台和手段的支持下，学习环境得以创新。设置适切的学习任务，践行促进学习的评估，高中语文课堂作业的精心设计会助力课堂，创生师生更多智慧，提升学生核心素养，获得更大进步与提高。

（本文作者：上海市同济中学　戴晓艳）

10. 初高中数学教学衔接的有效策略

——以“等式与不等式的性质”为例

摘要:以上海市 2020 年启用的新教材中章节“2.1 等式与不等式的性质”中关于等式的性质如何类比到不等式的性质的教学为主要研究内容,分析了高中新教材与沪教版初中教材的异同,参考了高中二期课改教材和人教 A 版教材,探索了“双新”背景下创智课堂深化过程中关于初高中数学教学衔接的有效策略。

关键词:等式的性质;不等式的性质;初高中衔接;创智课堂

上海市杨浦区 2013 年至今以“学习即创造,教学即研究”为理念开展了创智课堂的 10 年变革之路,所谓“创智课堂”,是以素养培育为指向,以学习者的学习创新为核心,教师的教学创新为依托,突破原有的学习形态,促进师生素养形成与智慧发展的课堂变革行动。教学创新作为创智课堂的核心要素之一,要求课堂教学需要体现学习目标与学科核心素养的对接。以“双新”为背景,以生成素养型学习目标为突破口,以初高中数学教学衔接为载体,展现了创智课堂 3.0 迭代过程中高中数学教学的课堂转型。

一、问题的背景

教育部制定的《普通高中数学课程标准(2017 年版 2020 年修订)》(简称《新课标》)特别重视初高中教学的衔接,为此设立的“预备知识”主题中,包含了数学中最基本的数量关系——“相等关系和不等关系”的内容。

2020 年起,上海市在高一年级全面启用依据《新课标》编写的沪教版新教材,《普通高中教科书数学必修第一册(上海教育出版社)》(简称新教材)共五章,前两章也是以“预备知识”为主题,起着承上启下的作用。本文以第二章“等式与不等式”中“2.1 等式与不等式的性质”的相关内容为切入点,从探索初高中衔接教学策略的角度出发,通过对新教材内容变化的解析[①]，初高中教材异同的比较，思考如何有效帮助学生完成从初中到高中的过渡，尽快适应高中阶段的数学学习，为之后的发展打下扎实的基础。

二、当前初高中数学衔接教学中存在的一些问题

（一）师生知识储备不足

高中教师对初中的教材不熟悉，初中教师对部分知识点的教授不够完整，初高中教材部分内容出现脱节，这些原因都导致了学生在高中阶段的学习过程中出现了“断片”的现象。比如，学生在课堂上学习等式与不等式的性质时，最容易产生的困惑就是：哪些初中已经掌握的性质定理是需要在高中再一次证明的？哪些数学基本事实是可以在证明过程中直接运用的？这些问题让学生在进入高中后由于已有知识体系建立得不完整而产生了学习困难。

（二）数学抽象能力不足

从初高中数学内容的差异看，初中内容相对具体而高中内容的抽象程度较高[②]。如语言表达的能力，数学思想的认识。高一新生在对数学表达的抽象化的过程中，缺少系统性和针对性的训练，以至于在学习不等式的性质时无法达到预期的抽象思维水平。

（三）逻辑推理能力不足

在初中，学生更擅长运用公式与定理去解方程和不等式，但是对于解题过程中每一步运算所蕴含的原理认知已经模糊，也缺乏代数证明的经验。所以提炼出等式与不等式的共性与差异，由等式的性质类比探究不等式的性质，并以严谨的数学逻辑进行证明是学生在预备知识章节学习过程中的一大难点。

三、开展初高中数学教学有效衔接的策略

（一）梳理预备知识，明确单元学习目标

1. 温故知新，平稳过渡

所谓“衔接”，是在初中所学的基础上加以延伸、补充和改进。它不是对初中所学内容的否定、重新再来，而是在学生已经建立的思维基础上将知识框架逐步向高中阶段进行转化。

---

① 上海市中小学（幼儿园）课程改革委员会. 普通高中数学教学参考资料（必修第一册）[M]. 上海：上海教育出版社，2020.

② 章建跃. “预备知识”预备什么、如何预备[J]. 数学通报，2020(8)：1—14.

首先，教师必须对初中的知识体系和课程标准要求有比较详细的了解，知道哪些是学生初中已经学过的，哪些是初中教学中有所淡化的概念；哪些概念产生了变化，哪些概念是保持不变的。

比如，在学习等式和不等式的性质中出现的一些重要概念，大部分是没有产生变化的。区别之处首先在于不同阶段对于“数”的理解，初中阶段刚开始学习不等式性质的时候，“数”指的是“有理数”，之后随着数域的逐步扩充，最终指的是“实数”。其次是对于“解集”的解释，学生在初中，甚至小学已经接触到了“集合”的概念，六年级第一学期已经可以在数轴上表示“解集”。而高中阶段重新定义了“集合”，并对“解的全体”作出了更进一步的说明。这个过程说明数学是在不断发展的，学生对数学的认知程度也是在不断进步的，这正是“衔接”的意义所在。因此在学习这些内容时，教师可以让学生自行梳理初中所学的知识点，从“实数”的角度对于曾经学过的概念进行“再理解”，并以绘制思维导图的形式呈现，那么在课堂上学生会对新的内容减少陌生感，将初中的学习过程真正迁移到高中课堂中，以保证在课堂上有更多的时间进行新知识的探索。

以“不等式的性质”的第一课时为例，如果教师对初中教材不够熟悉，对学生在初中对于“等式与不等式的性质”的知识储备不够了解，那么不等式的引入可能会花一定的时间用来引导学生将三个等式的基本性质类比到三个不等式的基本性质，但实际上，加法性质和乘法性质的类比在初中已经完成了。(如图 1、2)

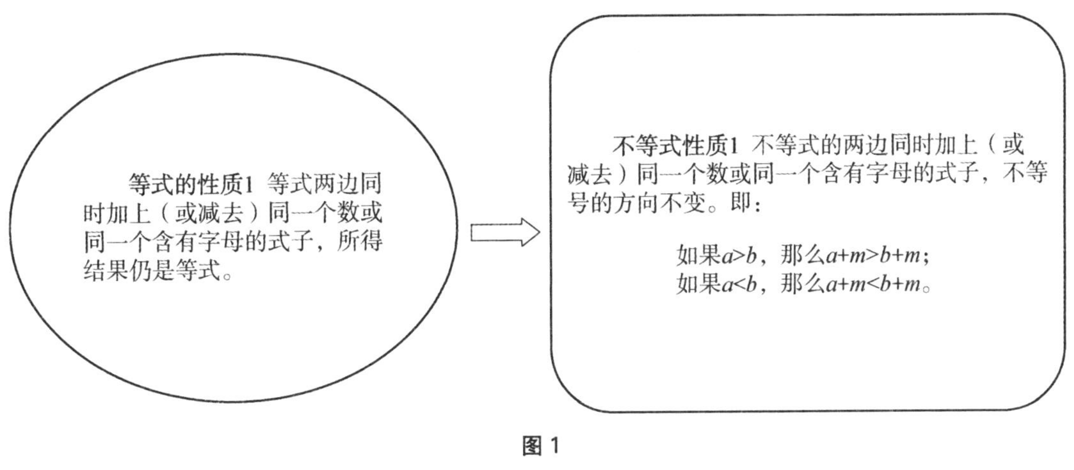

图 1

所以在熟悉学生已有知识结构的基础上，应将“引导学生通过类比学过的等式与不等式的性质，进一步探索等式与不等式的共性与差异”①作为单元学习目标中的一条，将等式与不等式的加法和乘法性质的类比以课前预习单的形式，由学生在老师给出的表格中自行预习

① 史宁中，王尚志. 普通高中数学课程标准(2017 年版 2020 年修订)解读[M]. 北京：高等教育出版社，2020.

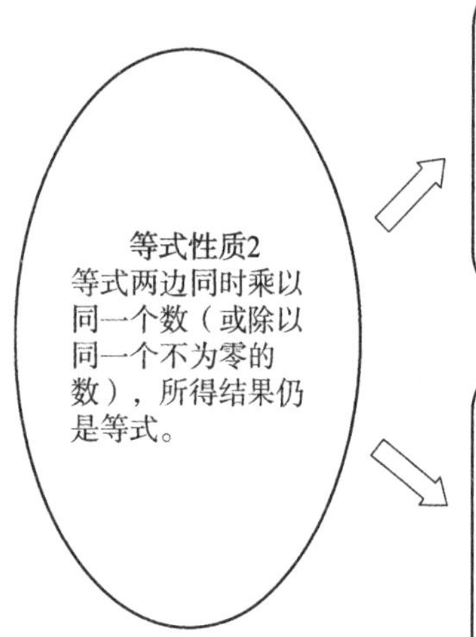

不等式性质2 不等式的两边同时乘以（或除以）同一个正数，不等号的方向不变。即：

如果$a>b$，且$m>0$，那么$am>bm$ $\left(\text{或}\dfrac{a}{m}>\dfrac{b}{m}\right)$；

如果$a<b$，且$m>0$，那么$am<bm$ $\left(\text{或}\dfrac{a}{m}<\dfrac{b}{m}\right)$。

不等式性质3 不等式的两边同时乘以（或除以）同一个负数，不等号的方向要改变。即：

如果$a>b$，且$m<0$，那么$am<bm$ $\left(\text{或}\dfrac{a}{m}<\dfrac{b}{m}\right)$；

如果$a<b$，且$m<0$，那么$am>bm$ $\left(\text{或}\dfrac{a}{m}>\dfrac{b}{m}\right)$。

图 2

填写，并在课堂上着重进行其余性质的类比与猜想、辨析与证明，这样会取得事半功倍的效果。

2. 查漏补缺，追根溯源

教师对于教材必须逐字逐句地研磨精读，并通过多种教材之间的比较，深度理解教材编写的意图，在教学过程中弥补好初高中衔接过程中产生的逻辑漏洞。

[实例 1]两个实数大小关系的基本事实是研究不等关系的重要理论依据。教师在研究教材时发现，相比二期课改教材，新教材在给出这一结论之前，提到了"如果 $b-a$ 是正数，就称 b 大于 a，如果 $b-a$ 是负数，就称 b 小于 a，如果 $b-a$ 是零，就称 b 等于 a"。教师在课堂上不妨提问学生：这段话由何而来？又为何而来？这段话基于初中教材提到过的"正数大于零，负数小于零"这一数学事实，对不等号的使用作出了严谨的解释，为高中阶段更明确地对两个实数大小关系进行判断提供了理论基础，乃是"细微之处见真章"，是在不等式的学习伊始，向学生展示出数学学科的严谨性。

[实例 2]学生在初中已经可以灵活运用由归纳得出的不等式的"传递性"和"乘法性质"，但是在高中阶段，需要在逻辑推理的基础上进行证明后方可使用。然而，在这两个性质的证明过程中，除了两个实数大小关系的基本事实之外，还分别用到了"两个正数之和是正数"与"两个正数之积是正数"的基本事实。这就让学生在清晰的逻辑推理中产生了一种"混乱感"，产生了到底哪些结论是需要证明的疑问。实际上，这里用到了关于实数的其他一些基本事实，如：

(1) 正数大于 0，也大于一切负数；负数小于 0，也小于一切正数。

(2) 正数的相反数是负数，负数的相反数是正数。

(3) 两个正数的和仍是正数,两个负数的和仍是负数。

(4) 同号两数相乘,其积为正数;异号两数相乘,其积为负数①。

教师在教学时,要考虑到学生的学情,从学生的思考角度出发,将上述关于实数的基本事实进行补充说明以完善基本逻辑,会让学生更容易理解高中阶段进行不等式性质证明这件事的意义所在。

[实例 3]同样依据新课标编写的《普通高中教科书数学必修第一册(人民教育出版)》(简称为人教 A 版)中,与"传递性"并列的还有一条"对称性":如果 $a=b$,那么 $b=a$。"对称性"和"传递性"是反映相等关系自身特性的两个重要的性质,而类比到不等式的性质,"对称性"也有着重要的作用,正是这条性质为初中教材中三条不等式性质分成 $a>b$ 和 $a<b$ 两类情况简化成高中教材的统一形式提供了理论依据,教师在进行相关内容教学时可以进行补充,以更好地进行初高中教学在相关知识点上的衔接教学。

在预备知识章节的教学中有很多值得深挖的细节,它们是高中老师对初中知识的不了解而产生的盲点,也是新教材初高中衔接教学的一个很好的切入点,只有深究细研,才能在课堂上产生亮点。

(二) 丰富认知过程,提高数学抽象能力

1. 从形到数的转化

学生从初中到高中,经历了对概念的认知逐步由"形"到"数"的转变。这种变化是螺旋上升的,当学生在理解上产生困难时,教师也应以"形"助"数",数形相结合来加深对性质定理的理解。

[实例 4]在不等式的"加法性质"的教学中,可以参考人教 A 版中的教法,运用初中通过数轴判断两个实数大小的方法,在"形"的角度对不等式两边的大小进行了判断。

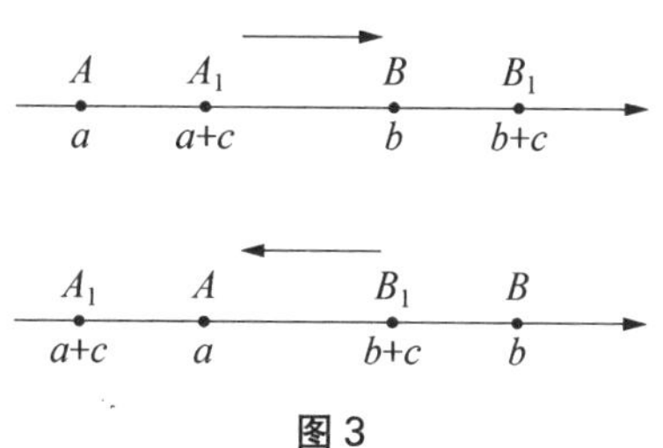

图 3

如上图所示,把数轴上的两个点 A 与 B 同时沿相同方向移动相等的距离,得到另两个点 A_1 与 B_1,A 与 B 和 A_1 与 B_1 的左右位置关系不会改变。用不等式的语言表示为:

① 章建跃,李增沪. 普通高中教科书教师参考用书(必修第一册)[M]. 北京:人民教育出版社,2019.

性质 3　如果 $a>b$，那么 $a+c>b+c$.

图 4

人教 A 版这样的处理考虑到了高一新生在构架新的知识框架时，需要通过曾经熟悉的方式入手，符合新概念学习的正常规律，在新教材的初高中衔接教学中可以借鉴。

2. 从具体到抽象的转变

初高中数学内容的差异，主要体现在初中内容相对具体，而高中内容更为抽象，在"等式与不等式"中，式的关系就是数的关系的抽象化和一般化。

[实例 5]"不等式的性质"第一课时中，课本给出了"两个实数之间不仅可以有相等关系，还可以有大小关系"这一数学事实。这句话承上启下，联结了等式与不等式的关系，引出了后面如何进行类比的事实基础。那么如何来描述"大小"关系呢？如前所述，初中是从"形"的角度给出一种直观的比较，而高中是把大小关系抽象为 a 和 b 两个代表着任意实数的字母之间的关系。这样的表述本身就是一个数学抽象的过程，它代表着只要我们讲清楚了这两个字母所表示的实数之间的大小关系，那么任意两个实数的关系都可以用相同的逻辑来确定，这两个字母就是所有实数的"代表"。

这种用符号形式表达新的概念的方式在高中阶段有着广泛的应用，比如函数性质的证明，几何定理的证明等。如果教师能在课堂上引导学生将概念的符号与概念的实质内容建立起内在的联系，就可以提高抽象能力、概括能力。

3. 从自然语言到数学语言的过渡

初高中的差异还体现在语言表达方式上，让学生学会如何用数学语言来表达世界，是初高中衔接的一个重要内容。

比如，初中是以自然语言对等式的"加法性质"和"乘法性质"进行描述的。而在高中课堂上，教师应尝试给予学生充分的思考时间，铺设台阶引导学生逐字逐句地将生活语言转化为符号语言，严谨地作出数学表达。

[实例 6]如前所述，新教材中对于 a 和 b 的大小是通过判断它们的差是正数、负数还是零来判断的，"对于两个实数 a、b，如果 $b-a$ 是正数，就称 b 大于 a，记为 $b>a$；如果 $b-a$ 是负数，就称 b 小于 a，记为 $b<a$；如果 $b-a$ 是零，就称 b 等于 a，记为 $b=a$"。这一段话是一种更接近于初中学习习惯的偏向于自然语言的表述。而引导高中生把这段文字转化为数学语言就是这一课中初高中衔接的第一个挑战。如果能够顺利地完成，可以增强高一新生学好数学的信心。

在上面这段描述中，"记为"代表着对两个实数之间的不等关系下了一个定义，即"$b>a$"当且仅当"$b-a$ 是正数"时成立，也就是说"$b>a$"等价于"$b-a$ 是正数"，即"$b>a \Leftrightarrow b-a$ 是正数"；而正数就是大于零的数，用数学语言表述即为"$b-a>0$"，所以"对于两个实数 a、b，如果 $b-a$ 是正数，就称 b 大于 a，记为 $b>a$"转化成数学语言即为"任意 $a,b\in R$，

$b > a \Leftrightarrow b - a > 0$”。

把“等式与不等式的性质”作为衔接的素材，让学生用新的语言表述，用新的观点分析，提升学生数学语言表达的抽象水平，更好地完成初中到高中，自然语言向集合语言和逻辑语言过渡的过程①。

（三）提高思维品质，培养逻辑推理素养

1. 注重类比，锻炼思维

《新课标》中提到的，帮助学生通过类比理解等式与不等式的共性与差异，是新教材相较于二期教材在培养学生逻辑推理能力方面的一大亮点②，也体现了把“相等关系与不等关系”作为预备知识的初衷。教师在衔接教学中要将发展学生逻辑推理特别是类比推理素养作为重要的教学目标凸显出来。

新教材在“等式与不等式的性质”这一内容的编写上，新增了“等式的性质”这个部分。教师应将“等式”与“不等式”中具有逻辑联系的知识点放在一起进行整体教学设计，延续初中阶段从“等式”类比到“不等式”的推理方式，在已经类比了“加法性质”和“乘法性质”的基础上，引导学生类比猜想出“对称性”“同向可加性”“同向可乘性”“乘方性质”和“倒数性质”，并将类比结果进行修正与证明。特别地，可以将高中阶段新增的“传递性”，作为“等式”类比到“不等式”的第一条性质，为学生的推理铺设好第一个台阶。在探索过程中，教师可以用分组讨论、小组报告等形式来调动学生的积极性，让他们在讨论中冲撞出思维的火花，通过自主探索和解决问题，促进核心素养有效形成。

例如在“等式的性质与方程的解集”这一课时的教学中，教师可以引导学生运用三条等式的基本性质对例1中的真命题进行证明，对假命题举出反例。在学习过程中，让学生回忆起了初中熟悉的内容，减少了对新知识的畏惧心，敢于接受未知的挑战，同时也体会到了高中数学逻辑推理的严密性，感受到了数学学习的乐趣所在。在此基础上，学生可以顺利地过渡到难度更大的不等式性质的学习中去。和二期课改的教学课堂相对比，在学习了“等式的性质”后，学生在研究不等式时课堂参与度有了明显提升，他们不再被动地接受性质，简单地模仿证明，而是将“等式”中相关的思想方法和推理方式类比到“不等式”中，能够更高效地达成学习目标，在掌握知识的同时，发展了能力，提升了素养。

2. 引导转化，提升思维

初中教材先由实际情境归纳数学内涵而得到不等式的性质，继而通过和等式性质的比较来进行概念的巩固与辨析。这样的教学方法偏重直观上的理解，对当时七年级的初中生来说难度比较适合。而到了高中，学生已经具备了一定的数学逻辑推理能力，并希望在学习

---

① 章建跃.“预备知识”预备什么、如何预备[J].数学通报，2020(8)：1—14.

② 章建跃.“预备知识”预备什么、如何预备[J].数学通报，2020(8)：1—14.

中能够不断地提升，所以对不等式性质的证明是整个章节中的重点和难点。

[实例 7]教师在引导学生进行不等式的证明的过程中，要不断渗透转化的数学思想，让学生体会到如何将未知转化为已知，用旧的知识解决新的问题，从而把需要证明的不等式性质转化为两个实数大小关系的基本事实(即作差比较)和已经证明过的不等式性质①。

课本例 9：已知 $a>b$，$c>d$。求证：$a-d>b-c$。

证明：因为 $a>b$，$c>d$，所以 $a-b>0$，$c-d>0$。

于是 $a-d-(b-c)=(a-b)+(c-d)>0$，

即 $a-d>b-c$。

教师可以启发学生思考，除了通过作差将不等式的证明转化为判断两个式之差的符号这个方法以外，是否还能将其转化为已经学习过的不等式性质。于是学生又给出了以下两种证明：

方法 2：因为 $c>d$，所以 $-d>-c$，

又因为 $a>b$，所以 $a-d>b-c$。

方法 3：因为 $c>d$，所以 $-d>-c$，所以 $a-d>a-c$，

又因为 $a>b$，所以 $a-c>b-c$，

所以 $a-d>b-c$。

可见，学生在初高中衔接的过程中，在不断地提升逻辑推理能力的同时，体会到了成功的乐趣，这让他们对数学学习产生了更浓厚的兴趣。教师要将逻辑推理素养的培养渗透到初高中衔接教学的全过程中。

四、结束语

初高中学段之间的衔接是课程建设的一个难点，也是创智课堂深化的一个很好的切入点。新教材和新课标中对于“等式与不等式的性质”内容的编写，使得教学转型中关于“衔接教学”的部分有章可循、有据可依。正如创智课堂始终践行的理念：“教学是建立在教师经验、反思基础上的智慧性实践，需要教师嵌入对学生的认识和理解。”教师在课堂中要力求打通初中到高中的脉络联结，引导学生整合不同时期所学的知识与经验，形成可迁移的能力体系，令学生能够在初中所学的基础上，更深入地理解“数与式”的本质，优化学生的数学认知结构，使得学生的数学抽象、逻辑推理等素养得到更好的发展。

(本文作者：上海市同济中学　顾琳婕)

① 李昌官.“等式性质与不等式性质”研究型单元教学[J].数学教学通讯，2022(3)：3—5.

11. 基于数据分析的数学建模课堂教学设计与应用

摘要:数学学科六大核心素养是数学课程目标的集中体现,特别是数学建模核心素养的培养,建立数学与现实世界的桥梁,发展创新精神。新教材对数学建模(活动)采用单独成册的划分安排,对课堂提出挑战,实际上,学生在学习必修四时,已积累了数学建模经验。基于创智课堂的理念,笔者选取沪教版选择性必修三的“珠穆朗玛峰上有多少氧气”为例,借助信息技术 EXCEL,初步探索新教材新课标数学建模的有效课堂模式。

关键词:数学建模;数据分析;双新教材

一、背景

(一) 什么是数学建模

数学建模是来源于现实问题,简化并结构化现实问题,转译为数学问题,通过数学解决方法,建立模型,返回现实情境解释并检验数学模型,更新真实世界的问题的解决办法。数学建模搭建了数学与外部世界联系的桥梁,是数学应用的重要形式,数学建模是应用数学解决实际问题的基本手段,也是推动数学发展的动力①。

(二) 数学建模教学对传统课堂提出的挑战

虽然通过必修四,学生已积累数学建模的一些经验,但是面对生活中的方方面面、千变万化的实际问题,同时随着自身科学知识的不断丰富,以及信息技术的日新月异,同学们对实际问题的解决也更加深入。在大数据时代,社会以及自身对数据的敏感度越来越高,如何通过数据分析解决实际问题对课堂提出挑战,如何在能力范围内探究行之有效的分析数据

---

① 中华人民共和国教育部.普通高中数学课程标准(2017 年版 2020 年修订)[S].北京:人民教育出版社,2020.

的可行方法，建立可行性模型。

二、基于信息化的数学建模创智课堂的原则与思路

传统的用数学知识解决实际问题的经验往往以应用题的形式出现，受篇幅的影响，这样的应用题均比较理想，然而数学来源于实际生活，并从生活中抽象出来，理想化的应用题不利于创新思维的培养；另一方面，受限于教室环境以及纸笔环境，教师的教学往往处在“巧妇难为无米之炊”的尴尬境地；信息时代，借助信息技术助力课堂教学，特别是在培养创新精神的数学建模方面，打破传统的教学方式，从教室走出来，顺应大数据时代发展要求，能从纷杂的数据中，获取数据，借助信息技术分析数据，建立数学模型，解决实际问题. 实际上，数学建模着重“从现实世界到数学世界”，关注过程，即站在数学之外向里看，“可以从哪里找到数学，帮助我解决问题”。

基于信息化的数学建模课堂设计思路，按图 1 所示流程开展，数学建模的过程不是线性过程，也不是一次就一定能解决现实问题，需要不断地从“数学世界”返回到现实世界中检验结果，优化结果，完善模型，如此循环。

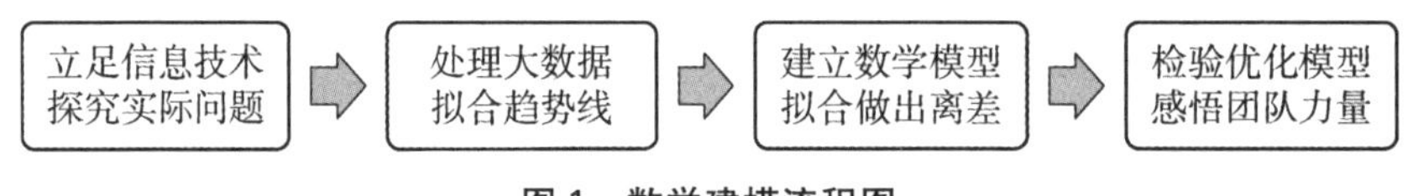

图 1　数学建模流程图

三、以“珠穆朗玛峰上有多少氧气”为例探究数学建模课堂教学设计

（一）教学目标与重难点

在数学建模活动中，经历从现实问题中确定变量、探寻关系、建立模型、计算系数、分析结论的全过程，形成和发展数学建模素养；大数据时代，能从纷杂的数据中，获取数据，借助信息技术分析数据。发展数学分析的核心素养；搜集和整理能够体现国家地理外貌的历史数据，提高对数据真实性以及对数据整理、分析科学性的责任意识，深入了解国家的大好河山，培养爱国情怀。教学重点：借助信息技术 Excel 处理分析数据，建立数学模型，并分析模型。用该信息技术方法解决同类问题。教学难点：根据实际问题，检验模型结果，优化模型。

（二）教学过程

阅读沪教版高中《数学》选择性必修第三册 12 页，活动设计：珠穆朗玛峰上的氧气含量是否低于人类生命所能承受的极限？确定变量和变量关系如下：

① 氧含量:指理想状态下,空气中氧气含量为20.95%,这个值是不变的。

② 氧分压:在不同海拔高度大气压下,由氧气施加的压强。计算公式:不同海拔高度上的大气压×20.95%。

③ 含氧量:在不同海拔高度大气压,空气中所含氧气如果放到标准大气压的大气中,所占的比例,计算公式:$O=P\times 0.20676\%$。

④ 大气压与空气温度、空气水蒸气的密度、海拔高度等因素有关,由于高中阶段知识局限,在实际当中将忽略空气温度、空气水蒸气的密度两个因素,聚焦于不同海拔高度上的大气压,从而得出含氧量。

⑤ 资料显示,人们正常是在含氧量为21%的条件下舒适地呼吸,19.5%是人体能够承受舒适度的临界值。低于这个值的话人体就会出现一些不适的症状,例如:呼吸加速、感觉到疲劳和无力感,如果氧含量低于12%的时候,就会出现呼吸困难的现象,低于10%会出现呕吐、无法行动、失去意识甚至死亡.这些情况就是我们常说的几种程度的"缺氧"。

1. 获取与分析数据

查阅资料,得到我国部分城市的海拔高度及大气压对照数据,该表数据高中生均可以在网上顺利方便查阅,并使用信息技术Excel录入该数据,制作电子表格。较多数据不易发现规律时,借助Excel绘制数据的散点图,从而观察海拔与大气压的变化趋势。

2. 建立模型

R^2是反映拟合优度的重要统计量,R^2越接近于1越相关,可以继续使用Excel的全部可用的拟合曲线对数据进行拟合(表1),并筛选出R^2更优的线性回归、指数曲线回归以及抛物线回归模型,从而算出它们离差(残差)绝对值,提出优化模型方案(表2)。

表1

模型	回归方程	R^2
线性回归	$P=100.23-0.01H$	0.9967
指数曲线回归	$P=100.55e^{-0.0001H}$	0.9997
抛物线	$P=0.0000005H^2-0.0114H+100.48$	0.9998

注:Excel办公软件中-1E-04x表示:-0.0001 * x

表2

城市	海拔高度/m	大气压/kPa	线性回归离差	指数回归离差	抛物线回归离差
天津	3.3	100.48	0.283	0.0368	0.0376
上海	4.5	100.53	0.345	0.0252	0.1013
广州	6.6	100.45	0.286	0.0337	0.0452

续 表

城市	海拔高度/m	大气压/kPa	线性回归离差	指数回归离差	抛物线回归离差
南京	8.9	100.4	0.259	0.0606	0.0214
台北	9	100.53	0.39	0.0705	0.1526
武汉	23.3	100.17	0.173	0.1460	0.0447
合肥	29.8	100.09	0.158	0.1608	0.0507
北京	31.2	99.86	0.058	0.3768	0.2648
香港	32	100.56	0.65	0.3312	0.4443
沈阳	41.6	100.07	0.256	0.0626	0.0634
杭州	41.7	100.05	0.237	0.0816	0.0445
长沙	44.9	99.94	0.159	0.1595	0.0291
南昌	46.7	99.91	0.147	0.1715	0.0387
济南	51.6	99.85	0.136	0.1825	0.0431
南宁	72.2	99.6	0.092	0.2266	0.0595
石家庄	80.5	99.56	0.135	0.1838	0.0055
福州	84	99.64	0.25	0.0689	0.1141
郑州	110.4	99.17	0.044	0.2760	0.0575
哈尔滨	171.7	98.51	0.003	0.3283	0.0274
长春	236.8	97.79	0.072	0.4069	0.0185
重庆	259.1	97.32	0.319	0.6582	0.2398
西安	396.9	95.92	0.341	0.7173	0.1141
成都	505.9	94.77	0.401	0.8197	0.0707
太原	777.9	91.92	0.531	1.1047	0.0055
乌鲁木齐	917.9	90.67	0.381	1.0614	0.2328
呼和浩特	1063	88.94	0.66	1.4700	0.0132
贵阳	1071.2	88.79	0.728	1.5459	0.0521
银川	1111.5	88.35	0.765	1.6226	0.0766
兰州	1517.2	84.31	0.748	2.0855	0.0249
昆明	1891.4	80.8	0.516	2.4223	0.0933
西宁	2261.2	77.35	0.268	2.8509	0.0912
拉萨	3658	65.23	1.58	4.5157	0.2393

对表 2 数据进行海拔升序排序，我们发现以下问题：

① R^2 更优的指数回归模型的离差比线性回归模型的离差异常数据更多，比如海拔 700+的异常数据有 9 个，而线性只有 1 个。说明数据在低海拔选取太密，高海拔过于稀少，指数回归模型对于低海拔的众多数据拟合得更优，从而高海拔离差绝对值较大的数据过少，显得不那么重要。我们优先拒绝使用指数回归模型 $P=100.55e^{-0.0001H}$。

② 数据在低海拔选取太密，高海拔过于稀少，可以考虑用等距方式标注海拔高度与大气压的对照表，更新数据。

③ 抛物线回归模型和线性回归模型的选择，需更多的高海拔(比如 3 000+)大气压数据做支撑。

3. 模型检验，筛选模型

再次查阅资料，增加高海拔地区的数据，并计算线性回归模型与抛物线回归模型的拟合值与离差(表 3)。

表 3

城市	海拔高度/m	大气压/kPa	线性回归拟合值	线性回归离差绝对值	抛物线回归拟合值	抛物线回归离差绝对值
林芝	3 000	70.54	70.199 0	0.341 0	70.780 0	0.240 0
都兰	3 191.1	69.14	68.286 1	0.853 9	69.193 0	0.053 0
昌都	3 306	68.14	67.135 9	1.004 1	68.256 4	0.116 4
甘孜	3 393.5	64.49	66.260 1	1.770 1	67.552 0	3.062 0
拉萨	3 658	65.23	63.612 4	1.617 6	65.469 3	0.239 3
玉树	3 681.2	65.1	63.380 2	1.719 8	65.289 9	0.189 9
日喀则	3 836	63.83	61.830 6	1.999 4	64.107 0	0.277 0
索县	3 950	62.04	60.689 5	1.350 5	63.251 3	1.211 3
玛多	4 272.3	61.08	57.463 3	3.616 7	60.902 1	0.177 9
那曲	4 507	58.9	55.113 9	3.786 1	59.256 7	0.356 7

发现：

① 对比抛物线回归模型 $P=0.0000005H^2-0.0114H+100.48$，海拔高度 3 300+的地区应用线性回归模型 $P=100.23-0.01H$ 会产生较大误差。

② 综合以上三个模型，抛物线目前没有显现明显不足，可做保留，做备选。该模型在准备工作、人力、财力以及计算量方面性价比较高。换算成海拔高度和含氧量为变量的模型为：$O=(0.00000010338H^2-0.002357064H+20.7752448)\%$。

③ 低海拔既可以使用线性回归模型 $P=100.23-0.01H$ 也可以使用指数回归模型 $P=100.55e^{-0.0001H}$；在海拔 3 000 m 以上的地区，大气压与海拔高度的关系需要寻求新的模型。

④ 表 3 中 3 000 m 以上的城市数据很少，我们无法从中获取较高海拔地区大气压变化的状况，从而无法回答一开始关于珠峰含氧量问题，需要寻找更多的数据，并进一步探究海拔高度与大气压的关系。

4. 模型拓展(继续优化)

通过网络，找到海拔高度从 −400 m 到 15 000 m 范围内，以基本等距的方式标注海拔高度与大气压的对照数据表，其中 −400～11 000 m 按 400 m 间隔取样，11 000 m 以上按 500 m 间隔取样(表 4)，绘制数据的散点图(图 2)，从而观察海拔与大气压的变化趋势。

表 4

海拔高度/m	大气压/kPa	海拔高度/m	大气压/kPa	海拔高度/m	大气压/kPa	海拔高度/m	大气压/kPa
−400	106.22	3 600	64.92	7 600	37.71	11 500	20.92
0	101.33	4 000	61.64	8 000	35.6	12 000	19.33
400	96.61	4 400	58.49	8 400	33.59	12 500	17.87
800	92.08	4 800	55.48	8 800	31.67	13 000	16.51
1 200	87.72	5 200	52.59	9 200	29.84	13 500	15.26
1 600	83.52	5 600	49.83	9 600	28.1	14 000	14.1
2 000	79.5	6 000	47.18	10 000	26.44	14 500	13.03
2 400	75.63	6 400	44.65	10 400	24.86	15 000	12.05
2 800	71.91	6 800	42.23	10 800	23.36		
3 200	68.34	7 200	39.92	11 000	22.63		

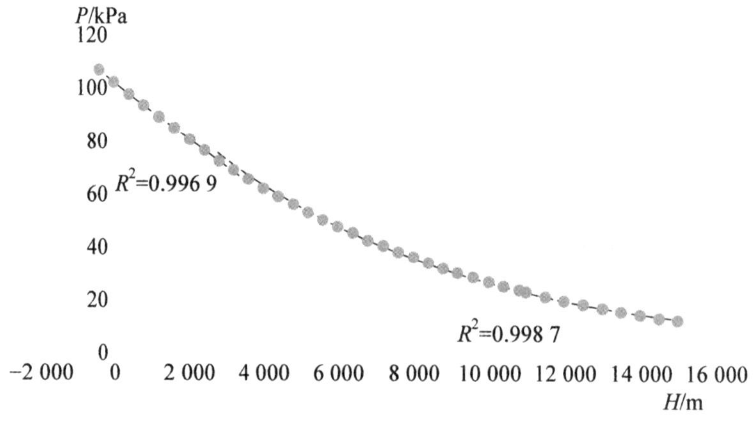

图 2

① 从散点图可以看出在低海拔区域(3 600 m 以下)数据点基本是线性分布的，而到高海拔区域数据点就明显偏离了线性分布，呈现指数分布的形态，实际上从 Excel 拟合程序看，高海拔区域指数拟合 R^2 更接近于 1。

② 为了使线性拟合与指数拟合有较平滑的衔接，把 2 800、3 200、3 600 三个数据点加入到指数拟合中，由此我们得到了关于海拔高度 H 与相应大气压 P 的拟合模型 $P=\begin{cases}100.841-0.01031H & -400\leqslant H\leqslant 3600\\ 112.921e^{-0.000147H} & H>3600\end{cases}$ (*)。

③ 低海拔区域的拟合模型不唯一，指数或线性模型均可，R^2 都很好，我们可以以实践勘测为标准. 由于登珠峰比较凶险，低海拔区域的拟合模型不是焦点，但对于地球海拔最低的死海湖面的大气压的研究有重要意义。

5. 模型再次检验，确定模型

检验模型(*)与表 4 数据的拟合度，再随机挑选表 2 和表 3 中的部分城市，计算拟合数据与实际数据的误差(表 5)，并评价该模型是否可以用于探究珠峰大气压。

表 5

城市	海拔高度/m	大气压/kPa	拟合值	离差绝对值
广州	6.6	100.45	100.7730	0.3230
台北	9	100.53	100.7482	0.2182
沈阳	41.6	100.07	100.4121	0.3421
上海	4.5	100.53	100.7946	0.2646
西安	396.9	95.92	96.7490	0.8290
呼和浩特	1063	88.94	89.8815	0.9415
拉萨	3658	65.23	65.9543	0.7243
那曲	4507	58.9	58.2160	0.6840

① 数据(表 5)验证说明模型(*)是比较理想的，可以用于计算珠峰大气压。

② 用表 2 和表 3 中的数据验证由表 4 数据得到的模型，前后采用不同来源的数据是兼容的，它们都是可靠的。

③ 往往官方网站的数据比较可靠，比如×××统计局，统计年鉴。同学们乐于网上搜集数据，有些文库需要注册会员，可以借助更大的平台去市政图书馆查阅。

6. 模型应用

低海拔区域指数回归模型(答案不唯一) $P=100.55e^{-0.0001H}$ $(0\leqslant H\leqslant 3000)$，换算成海拔高度和含氧量为变量的模型为：$O=(20.789718e^{-0.0001H})\%$ $(0\leqslant H\leqslant 3000)$。

模型 $P=\begin{cases}100.841-0.01031H & -400\leqslant H\leqslant 3600\\ 112.921e^{-0.000147H} & H>3600\end{cases}$（*）换算成海拔高度和含氧量为变量的模型为：$O=\begin{cases}(20.850-0.00213H)\% & -400\leqslant H\leqslant 3600\\ (23.3475e^{-0.000147H})\% & H>3600\end{cases}$。

由模型 $O=\begin{cases}(20.850-0.00213H)\% & -400\leqslant H\leqslant 3600\\ (23.3475e^{-0.000147H})\% & H>3600\end{cases}$ 可以算出，地球表面海拔最高的珠穆朗玛峰顶峰的含氧量为 6.36%，稍高于氧气短时致死量（6%）。当飞机飞行在 13000 m 高空时，机外空气含氧量仅为 3.45%，一旦机体密封性发生问题，机上人员必须立即戴上氧气面罩，否则很快丧命。中国陆地海拔最低−154 m 的新疆吐鲁番的艾丁湖，湖面含氧量为 21.17%。地球陆地海拔最低−415 m 的死海海面含氧量为 21.7%等等。

7. 建模总结

在本案中，可以总结以下经验：

① 首先利用部分城市的海拔高度与大气压的数据对照表，绘制散点图，直观上发现相关性，通过函数回归模型，借助信息技术算出回归参数。经初步检验，筛选出能较好反映 3000 m 以下的海拔高度与大气压关系的模型。

② 为了得到更大范围内海拔高度与大气压的关系模型，找到海拔高度从 −400 m 到 15000 m 范围内，以基本等距的方式标注海拔高度与大气压的对照数据表，其中 −400～11000 m 按 400 m 间隔取样，11000 m 以上按 500 m 间隔取样绘制散点图，看出 3600 m 为分段拟合临界（实际上我们前面已经建立好一份 3600 m 以下的模型），海拔高于 3600 m 的数据我们采用指数拟合。

③ 为了使曲线更光滑，采用“重叠”的三个数据 2800、3200、3600 既参与线性拟合又参与指数拟合。

④ 中学阶段能为学生所用的信息技术以办公软件为基础，所以 Excel 的一些基本训练课可以放在本单元。

⑤ 低海拔区间构建了多个模型，甚至两个回归系数不一样的线性模型，这是因为对统计模型，同样的问题由于数据采样的不同，会有不同的回归模型。但是只要采样过程合理，数据可靠且数据量足够大，不同的模型对问题的描述没有太大的差别。同时，对于不同高中阶段的学生，我们不受已有知识储备的局限，随时可以开启数学建模单元学习。

四、高中阶段可进课堂的建模软件

教材多处指出鼓励学生使用信息技术学习相关知识，例如“使用电子表格办公软件绘制散点图”是沪教版高中《数学》必修第三册第 13 章第四节“统计图表”的一部分内容，类似的有使用信息技术“计算样本数据的数字特征”等等，可见学习使用软件是高中数学特别是建模很重要的一部分，对于复杂现实问题的解决很有必要。高中阶段常见的建模软件有两类，分别为数据分析工具类软件、解决规划类问题的软件。

电子表格办公软件（Excel）不光包含表格软件，还有很多内置的数据分析工具和插件，使用群众较广。虽然 Excel 很容易入手，但高中生对 Excel 的使用程度还处在入门阶段，存取数据、做表格。其实 Excel 可以制作复杂的报表、模型、应用、系统，比如绘制数据散点图得到趋势线，从而拟合函数模型，构建分析模型。高中生可以从基本界面、导入导出、公式 & 函数、筛选排序、数据格式、可视化图表、数据透视表、数据模型、工作协作这几个方面入手，适当搭配课时结合实践，进步会很快。

数理统计工具之一的 MATLAB 是一种用于算法开发、数据可视化、数据分析以及数值计算的高级技术计算语言和交互式环境。高中阶段有条件的学校可以在数学建模课尝试学习 MATLAB 的矩阵运算、绘制函数（数据）图像等常用基本功能，并实践相关的初步建模，例如：数据分析、航天工业、汽车工业、生物医学工程、语音处理、金融分析、图形用户界面设计等相关的初步建模。

此外解决规划类问题的软件 LINGO 具有容易上手、随学随用的特点，使用上可以分为以下两种方法，直接描述法：用数学语言直接描述出线性规划模型的约束条件、决策变量和目标函数；建模描述法：通过用 LINGO 编程语言描述线性规划模型的变量和条件，实现模型的求解。

根据数学课程标准要求，会用数学的眼光观察现实世界，会用数学的思维思考现实世界，会用数学的语言表达现实世界，信息技术助力高中生培养终身学习的习惯，同时顺应新时代的发展要求，实现科技助力发展，将建模软件的课时学习纳入新教材的建模单元教学，对学生有重要意义，也对教师的教学提出要求。

（本文作者：上海市民星中学　吕小敏）

12. “双新”背景下高中英语“阅读圈”教学策略

摘要：“阅读圈”教学新颖、有效，将传统的PWP英语阅读教学模式与“阅读圈”结合，切实贯彻英语学科核心素养要求。开展“双新”背景下的高中英语“阅读圈”教学应用研究，能够提高学生阅读兴趣，鼓励学生自主阅读，培养学生阅读习惯，积累阅读体验，促进学生阅读素养的提升。“阅读圈”教学具有合作性、独立性、交互性和创造性，其教学策略为“选定材料，优化学习结构”“科学分组，角色代入”“自主阅读，深度思考”“合作交流，分享阅读成果”和“展开评价，增强阅读效果”等。“双新”背景下实施“阅读圈”教学模式，有助于达成学生英语阅读素养的提升目标。

关键词：双新；“阅读圈”；阅读素养

一、引言

《普通高中英语课程标准（2017年版2020年修订）》[①]提出，教师通过对中学阅读素养培养路径与方法的研究，不仅仅能促使教师更新教学观念，改革课堂教学模式，从而提升学生的阅读能力和阅读品格，而且还有利于英语新课标要求和英语学科核心素养理念的落实。

国内外已有研究表明，“文学圈”阅读模式易于操作，能够有效促进英语阅读教学。“阅读圈”教学模式的构建，有利于推动学生的英语写作能力。通过实践，学生由被动的“要我写”变成主动的“我要写”，使得写作从一种负担演变成一种思想的创作过程；“阅读圈”教学过程重视学生的主体地位，学生能充分感受到阅读与写作的乐趣，从而能有效地进行语言学习[②]；“阅读圈”帮助学生养成良好的阅读习惯，促进学生的思维发展，积淀文化底蕴，从而达成发展英语学科素养的整体目标。

---

① 中华人民共和国教育部. 普通高中英语课程标准（2017年版2020年修订）[S]. 北京：人民教育出版社，2020.

② 卞晓明，钱晓芳.“阅读圈”活动在小学英语绘本阅读教学中的应用[J]. 中小学外语教学（小学篇），2016，39(06)：30—33.

"阅读圈"对学生的阅读兴趣、阅读体验、阅读态度、阅读习惯、阅读策略、思维品质等方面素养的提升能够发挥积极的促进作用[①],是高中学生阅读素养提升的有效途径。

二、理论依据

(一)自主学习理论

建构主义教育理论认为,学生的精神世界是自主地、能动地生成、建构的,而不是外部力量塑造而成的。学生的学习是一个积极主动的建构过程,学习者主动根据先前认知结构对新的信息进行编码,建构当前事物的意义[②]。阅读教学是对学生自主学习能力培养的过程。在实际教学过程中,"阅读圈"理论重视对学生自主学习能力的培养,强调通过学生的自主学习来形成合作小组,通过合作小组为学生构建平台,让学生自主选择"阅读圈"角色,在提升学生角色责任意识及学习主动性的同时,促使学生更好地发挥自身的潜能,展现自己的特性。

(二)合作学习理论

美国的戴维·约翰逊和罗杰·约翰斯认为,"合作学习是在教学中运用小团体,让学生共同努力,使自己和他人的学习更大化。""阅读圈"教学模式非常重视小组内成员的合理分工,注重通过引导学生以不同角色来参与阅读讨论,明确不同成员的职责与任务,让学生以多种形式、多种方法来开展阅读,从更多元的角度感受阅读文本的内涵;同时在合作学习的过程中还能帮助学生形成合作意识、分享意识,促进多元思维,优化学习策略,实现英语阅读学习的多样性,确保语言能力、文化意识、思维品质和学习能力的同步提升。

三、概念的界定

1. "双新",即"新课程、新教材"的"双新"理念。"新课程"是指:以学生为中心,以立德树人为培养目标,指向核心素养,使学生的学习真正发生的教学过程;"新教材"传递了教和学的新理念,是实施新课程的途径。学校的教学观念,由教教材到用教材转变,通过创设情境,发挥学生小组作用,调动学生参与学习的热情,使学生由被动学习到主动学习,提升学生思维能力,最终达到培育学生核心素养的目的。

"双新"是一项系统化措施,涉及新课程方案、新课程标准、新教材、新教学方式、新评价机制,强调体验式学习、研究性学习、项目式学习等,促使学校在教育理念、教育内容、教学方式、师生关系等方面进行内源性变革。"双新"重构了学校课程方案顶层设计,育人为本,

---

① 张金秀.运用分级阅读培养中学生英语阅读素养的实证研究与启示[J].课程·教材·教法,2018,38(07):73—80.

② 张雅军.建构主义指导下的自主学习理论与实践[M].华中师范大学出版社,2012.

注重实效，遵循教育规律和学生成长规律，把科学的质量观落实到教育教学全过程，夯实学生成长的共同基础，满足学生不同的学习需要，着眼于提高学生综合素质，着力发展其核心素养。

2. “阅读圈”，即“文学圈”，是一种由学生自主阅读、自主讨论与分享的阅读活动①。“阅读圈”活动的目的是阅读与思考，由个体的读与思和小组的讨论与分享共同组成。“阅读圈”的角色包括阅读引领人（discussion leader）、总结概括人（summarizer）、实际生活联结人（connector）、词汇达人（word master）、篇章解读人（passage person）、文化连接人（culture collector）等。具体做法就是，以 4 至 6 名学生组建阅读小组，阅读自己感兴趣的故事。在阅读学习中，阅读小组根据任务内容，有针对性地开展阅读。比如，有小组负责讨论的，那么讨论的小组长要负责阅读、组织与提问，而小组的其他成员要负责阅读与回答问题。再如，在负责寻找重点词汇小组，小组长与小组成员在一起阅读文章的基础上，讨论并总结重点词汇。各组在完成相关任务之后，在课堂进行分享、展开讨论和给予评价。而讨论是否有效取决于小组成员在前期准备是否充分②。

3. 阅读素养，是指在人一生中接触各种阅读材料及与同伴的相互作用下建构的一种可增长的知识、技能和策略相结合的能力。阅读素养是对阅读能力概念的发展、结合的能力③，它包含了更丰富的内涵，不单包括学习者的阅读能力，还涉及个体和社会群体在不同场景和情境中需具备的信念、态度和习惯④。《普通高中英语课程标准（2017 年版 2020 年修订）》提出，对阅读素养的培养不仅强调在阅读过程中对学习者语言能力、认知能力和社会文化能力的培养，还重视对学习者个体全面、综合发展所需具备的综合素质的培养，其关注重点包括理解过程、阅读目的、行为和态度等。在新时期背景下，传统的阅读能力已不足以满足学习者的阅读要求，包含外语阅读习惯和外语阅读体验两要素在内的外语阅读品格同样在阅读过程中扮演着重要角色⑤。其中，阅读习惯包括阅读量、阅读频率和阅读方法，而阅读体验包括阅读兴趣、阅读动机、阅读态度和自我评估。综上所述，英语阅读能力与英语阅读品格共同构成中小学生英语阅读素养，两者相辅相成，前者是后者的基础，后者为前者提供持续发展的有力支撑⑥。

---

① Furr, M.. Stories for Reading Circles [M]. Hong Kong: Oxford University Press, 2007.

② 陈则航. 英语阅读教学与研究[M]. 上海：外语教学与研究出版社，2016.

③ OECD. PISA 2012 Assessment and Analytical Framework: Mathematics Reading, Science, Problem Solving and Financial Literacy [M]. Paris: OECD Publishing, 2013.

④ Pearson, P. D., Raphael, T. E.. Toward a More Complex View of Balance in the Literacy Curriculum [A]. In Hammond, W. D, Raphael, T. E. (Eds.). Literacy Instruction for the New Millennium. [C]. Grand Rapids, MI: Center for the Improvement of Early Reading Achievement & Michigan Reading, 2000:1－21.

⑤ 王蔷，敖娜仁图雅. 中小学英语绘本教学的途径与方法[J]. 课程·教材·教法，2017，37(04)：68—73.

⑥ 王蔷，陈则航. 中国中小学英语分级阅读标准[M]. 上海：外语教学与研究出版社，2016.

四、双新背景下的“阅读圈”教学原则

（一）合作性

“阅读圈”英语教学活动具有明显的团体属性，需要借助小组每一位成员的努力，共同协作完成阅读作业、达成阅读目标、培养阅读风格。小组成员之间的合作基于约定、贵在持续、富有关联并明显有效，合作是贯穿“阅读圈”学习活动的关键要素。通过“阅读圈”的合作学习，学生能明确学习目标，多渠道获取英语学习资源，科学安排学习时间和有效提升学习效率。

（二）独立性

“阅读圈”英语教学活动是学生独立构建阅读的过程。学生自主选择阅读角色，自主开展阅读任务，自主形成阅读思维，自主养成阅读习惯，继而培养自主阅读能力，提升阅读素养[①]。教师不必对阅读学习活动进行干涉，应该让学生通过阅读学习的自我管理，促进自主学习和养成良好的学习习惯，形成自己的阅读风格。

（三）交互性

“阅读圈”英语教学活动以个体为基本单元，以互动为基本方式展开。小组成员之间、小组之间、师生之间，通过分工、合作、交流、评价、修正等交互方式形成交融形态，全方位促进阅读思考与探索，有利于阅读的多维展开以及阅读手段的优化。学生学会选择恰当的学习策略与方法，监控、评价、反思和调整自己的学习内容和进程，逐步提高阅读意识和阅读能力。

（四）创造性

“阅读圈”英语教学活动是一种创造活动，包括阅读语言报告、阅读行为实施、阅读思想交汇等方面的创新。通过体验式阅读探索，每一个成员都面临新的阅读体验，产生新的阅读感悟，展示新的阅读成就，最终提升阅读素养。这一过程有助于发展学生的思维品质，并有效促进其逻辑性、批判性和创新性水平的提升。

五、双新背景下的“阅读圈”教学策略

（一）选定材料，优化学习结构

“阅读圈”教学材料的选定，应以教材为主，课外材料为辅。现行的高中英语教材，无论

① 刘圆圆，陈金.通过英语小说阅读教学培养高中生阅读品格的实验研究[J].英语教师，2019，19(15)：25—33＋37.

上教版、上外版或者人教版等，都具有科学性、完整性和发展性，已经充分考虑了高中学段与学情，完全满足“阅读圈”教学要求，应优先使用。此外，还可以选择适合中学生学习的原版文章，比如《多维阅读》《典范英语》等原版系列读本中的高阶位小说文本。要根据学情和校情，逐次深化“阅读圈”教学活动，从平面性的 6 人小组“阅读圈”一篇文本单一角色的学习活动，逐步转入多项任务同一角色直至不同任务不同角色的“阅读圈”学习活动，形成角色轮换、获得完整的阅读体验。通过多层次的交互性学习结构构建，打造立体阅读平台，促进学生的深层次阅读，以便进一步有效地提升学生的阅读素养。

（二）科学分组，角色完全代入

“阅读圈”与小组合作阅读有所区别，不但发挥了后者合作交流的优势，而且还赋予成员角色生命——分别为 discussion leader（阅读引领人）、summarizer（总结概括人）、connector（实际生活联结人）、word master（词汇达人）、passage person（篇章解读人）、culture collector（文化连接人）等。每位成员身份确定，分工具体，要求明确。学生应各负其责、各尽所能，完成自己的阅读任务，在约定期限公布自己的阅读发现并与其他成员共享阅读成果。教师可督促学生轮换角色，以便促进体验，培养立体阅读能力，不断提升阅读满足感和成就感。“阅读圈”的分组应依据学生的英语阅读水平、兴趣爱好、习惯、认知能力等重要因素等，必要时，还要充分考虑性别搭配，要让每一位学生都能在“阅读圈”中圆满完成自己的角色使命。

（三）自主阅读，构建深度思考

“阅读圈”教学活动阶段，学生必须在自主阅读、自觉完成阅读任务的基础上，进行深度思考、分析、总结和概括阅读发现，归纳有效的学习方法，提高阅读效率，并分享阅读体会，表达自己的思想。“阅读圈”教学起始阶段，教师要适度介入，通过情境创设、任务驱动和问题引导，鼓励学生提高阅读意识，增强阅读耐心，完成自主阅读，养成良好的阅读习惯，以建构深度阅读。

（四）合作交流，分享阅读成果

合作交流和成果分享是“阅读圈”教学的重要内容。教师无须制定计划或指示学生交流方式，应由小组成员自行组织、自主讨论、自由发挥。discussion leader（阅读引领人）、summarizer（总结概括人）、connector（实际生活联结人）、word master（词汇达人）、passage person（篇章解读人）、culture collector（文化连接人）要通过自己扮演的角色获取文本信息，无保留地轮流发表自身的看法。在交流过程中，discussion leader（阅读引领人）要组织发起活动，使用各种有效手段促进相互之间的交流；summarizer（总结概括人）在遵循文本情景、情境的基础上，负责对阅读文本进行逻辑严密、层次分明的总结概括；connector（实际生活联结人）负责联想，将文本所学到的语言知识与现实进行连接，丰富生活，欣赏美好并展望未来；word master（词汇达人）要发挥词汇大师的作用，出面解决小组成员们阅读中遇到的词汇问题；passage person（篇章解读人）要站在篇章角度，把握主旨，集中文本中的美言佳句，供成员们欣赏学习、理解记忆；culture collector（文化连接人）要探索文化内容，展现中西文化的不同风格，通过分享活动开阔视野，感受异域文化，增强文化自信。“阅读圈”小组成员之间的交流没有固定模式，任何即兴、约定的交流都有助于促进“阅读圈”教学效果的提高。

（五）展开评价，增强阅读效果

“阅读圈”学习活动的评价可以通过小组自评、小组互评及教师评价展开。三个层面的评价梯次呈现，具有明确性、针对性、可接受性和持续性。小组成员之间的评价可以促进自我认知，利于阅读自信的建立和阅读风格的形成；小组之间的评价有益于竞争与交流；教师的评价可把握阅读结构、阅读方向以及阅读厚度，有助于学生阅读品格的养成。立体化评价有助于消除评价盲区，使每一位成员都能获得参与感和荣誉感，其目的在于交换阅读经验、分享阅读成果、获得阅读成就，并发现阅读不足、分析阅读问题、改进阅读方法，进而提升阅读素养。

六、结语

“阅读圈”教学契合“双新”精神，促进教师转换教学理念：变“英语教学”为“英语教育”，使学生由被动学习到主动学习，在英语教学中培养学生的学科思维，达到“学科育人”的目标。通过创设情境，发挥学生小组作用，开展“阅读圈”教学活动，引导高中学生提升英语阅读素养，鼓励学生自主阅读，培养学生创新思维，不但有助于丰富阅读教学的理论、路径和方法，而且促进教师教学水平的提高；同时，还能促进英语学科核心素养的培养以及新课标的贯彻落实。

（本文作者：上海市民星中学　王群）

13. 以学习评价促深度学习的逆向单元教学设计的实践研究

摘要：为了提高单元教学设计的质量和课堂教学的效率，更好地培养学生深度学习的能力，提升核心素养，同时充分发挥学习评价对学生学习过程和方法的监督、调控与指导的作用，本文通过理论研究和教学实践，设计了单元学习评价表，以引导学生对单元各板块的学习进行评价；同时还通过“深度学习教学设计模板”的实践应用，从单元学习评价出发，开展逆向教学设计，在设计中体现通过每课时对照深度学习的特征表现，对学习过程进行评价和调节，从而更好地进行课堂观察，落实以评促学，并确保深度学习在课堂中发生。经过实践，该单元教学设计方法激励了学生主动参与学习评价，提升了深度学习的效果。

关键词：深度学习；学习评价；逆向单元教学设计

一、引言

《普通高中课程方案(2017 年版 2020 年修订)》[①](以下简称《课标》)提出的三条培养目标之一是“培养具有科学文化素养和终身学习能力”的人。深度学习是终身学习的必经之路，但目前一些学生仍沉浸在浅层学习中，如果想要使用所学知识进行一些改变，甚至发挥创造力，就必须进行深度学习。同时要想让学生在思维、学习方法等方面有所改变和突破，学习评价是有效激励学生主动认知自我、调整学习策略的有效手段。因此在进行单元教学设计时，可有机融入深度学习理念和学习评价，将这两个要素以逆向设计的顺序，以终为始，同时有效发挥“深度学习教学设计模板”的作用，既可将其作为单元教学工具，也可作为形成性评价工具。

① 中华人民共和国教育部.普通高中英语课程标准:2017 年版 2020 年修订[S].北京:人民教育出版社,2020:46.

二、基本概念

（一）学习评价

英语学习评价比较注重形成性评价。形成性评价就是对学生在学习过程中表现出的态度、情感、策略等给出发展性的评价，是对学生学习过程的评价。只对教学过程和效果进行评价是远远不够的，因为学生作为核心评价者的作用也是同等重要的。若学生能对教师评价或其他各类评价反馈做出积极反应，进行反思并调整学习目标、策略和进程，那学生将会监控和改进自己的学习质量，这将提升学习效果。

（二）深度学习

何玲、黎加厚[①]是国内最早界定深度学习概念的学者。他们指出，深度学习是指学习者在理解的基础上，能够批判性地学习新思想和新知识，并将它们融入原有的认知结构，使众多思想相互关联，再把已有知识迁移到新的情境中，做出决策，解决问题。

1. 深度学习的特征

刘月霞、郭华[②]指出深度学习的五个特征可作为深度学习是否发生的重要判据：联想与结构；活动与体验；本质与变式；迁移与应用；价值与评价。

随着教学的深入，深度学习在不同阶段有不同的特征，分别产生不同的效应。设计学习活动时应充分考虑深度学习在各阶段的特征，以保证学习效果。

2. 深度学习的特征在教学活动设计中的作用

深度学习不是一个教学途径，而是一个教学设计的方向，其作用是让我们用它的特征去评价学习、评价课堂，回头看设计中的每一步是否体现了深度学习的特征。以下是“深度学习教学设计模板”所反映的课时教学活动设计路径：

完整的模板分成“单元基本信息”“单元教学规划”“课时教学设计”三大板块，表 1 呈现了课时教学设计部分。其中的“效果评价”“深度学习特征”是与众不同之处。虽然设计时感觉内容较多较复杂，但是此模板帮助了教师从学习效果评价出发，聚焦深度学习特征，逆向整理设计思路，既兼顾了教学活动设计的层次性，又有利于授课时对深度学习进行及时评价，有助于课堂形成性评价的落实，保证教师实施课时教学时的效率、效果，并及时通过深度学习特征和评价手段监控学情，调整教学。

---

① 何玲，黎加厚. 促进学生深度学习[J]. 现代教学，2005(5)：29—30.

② 刘月霞，郭华. 深度学习：走向核心素养[M]. 北京：教育科学出版社，2018：11.

表 1 “深度学习教学设计模板”中“课时教学”板块

教学过程(第 * 课时)					
教学目标 (建议在每条目标后标注活动层次)	教学活动及互动方式(时间)	设计意图	活动类型	效果评价	深度学习特征

(三) 逆向设计

“逆向设计”是一种以终为始开展的教学设计,它强调课堂、单元和课程在逻辑上应该从想要达到的学习结果出发,进行教学目标的设定和教学过程的设计,这属于成果导向教育(OBE)理论指引下的教学设计,可以实现以评促教,以评促学。

有了逆向设计的思路,就要思考怎样把单元中的单一课时串联起来,形成结构化的、关联的、融合的知识,这能最终有利于核心素养的形成。这使我们要从最终需要学生形成的“大观念”或学习评价(学习结果)出发,通过任务链、活动链和问题链将单元贯通、关联、整合,将子主题融合成单元大主题、单元“大观念”,最终对单元知识建立关联,形成结构。

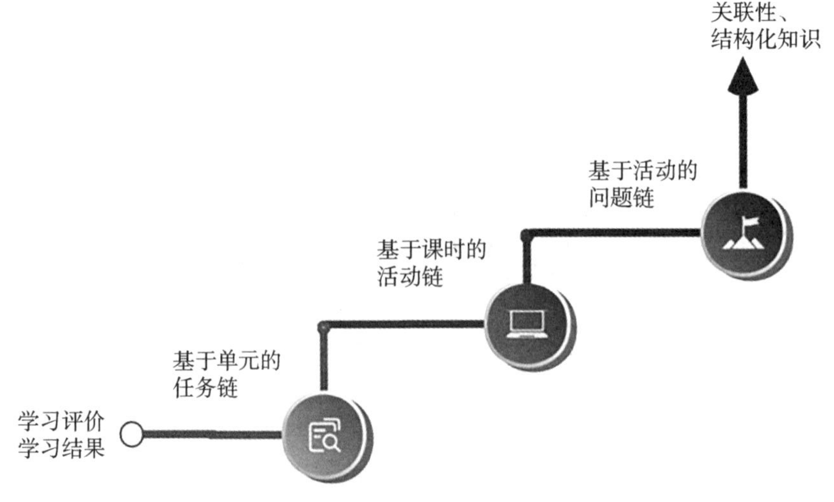

图 1 “以学习评价促深度学习的逆向单元教学设计”步骤图

三、案例分析—以高中英语(上外版)选择性必修一 2AU1 为例

本单元主题是 Learning for Life(终身学习)。在高二第一学期开学时学习这个单元,尤其可以激发学生探索知识的积极性,了解获得终身学习成就的人物故事,提升终身学习的意识和动力,借鉴单元中所提到的学习策略完善自己的学习方法,最终制订自己的学习计划。以下是教案设计思路和实践路径。

(一) 梳理单元内容,设计基于单元的任务链

从单元目标、单元主题和单元大任务出发,梳理单元中的子主题和各项任务,并建立他们之间的关联。在"单元主题和主要内容分析"中以表格的形式梳理,可以清晰辨认单元结构、内在关联和各板块在单元中的作用。

在表 2 中可以看到单元大任务是"Making learning plans",为完成这一任务,第一步先将输出板块的任务按能力要求从高到低的顺序逆向分解成四个输出板块(Extending, Writing, Speaking, Discovering)的学习任务。这四个任务难度逐级递减,最高阶的任务建立在下一级任务之上。第二步将输入板块的内容进行梳理,确定子主题与单元主题的联系,以便在四个核心素养的培育上做到层层进阶,最终确立子主题之间的联系,这样就找到了单元输入板块间的逻辑关系。

表 2 单元主题及主要内容分析

本单元的主题	对应课标中的主题语境	主题群	主题语境的内容要求
Learning for Life 终身学习	人与自我	生活与学习	认识自我,丰富自我,完善自我

单元大任务	输出板块	学习任务	学习策略
制定学习计划 Making learning plans	Extending	Making learning plans	Critical thinking: ranking factors in order of importance
	Writing	Writing a short website article about "learning by doing"	Writing strategy: Using personal experiences as supporting details
	Speaking	Conducting an interview about learning experiences outside the classroom	
	Discovering	Vocabulary: Theme-related expressions Grammar: Tenses (past perfect, present perfect continuous, future continuous)	

续 表

单元大任务	输入板块	子主题	呈现方式	子主题与单元主题的联系	子主题之间的联系
制定学习计划 Making learning plans	Reading	A: Learning is everywhere	autobiography	“无处不在的学习”成就了大师，使终身学习成为可能。	子主题通过古今中外的名人名篇从时间和空间的角度证明了学无止境，并介绍了有效的学习方法，让学生体会终身学习。
		B: Encouraging Learning	Argumentative writing	《劝学》的主题“学无止境”即终身学习。	
	Listening	Try sth. new for 30 days	Talk	“尝试新事物 30 天”旨在培养学习的好习惯，是终身学习的策略方法。	
	Viewing	93-year-old piano man	News report	“93 岁的钢琴学习者”是最好的终身学习典范。	

基于以上分析，就可清晰看到本单元的各项任务。然后将各任务链串联成链，按难度顺序逆向排列。从输入板块中的阅读出发，到听说板块中的听，再到输出的说，再进阶到写作板块和最终的综合性探究任务板块。在这些从输入到输出的任务设计中，学生对该单元主题下的语言学习和素养培育都将逐级提升，并最终能将所学的知识和策略运用到学习计划的制定和对此话题的写作表达中。

表 3 单元任务链

综合性探究任务			
制定“学习计划”	**写作板块任务**		
	做中学 Learning by doing	**视听说板块任务**	
		做调查之后 role-play	**阅读板块任务**
			介绍有益于自己或他人的学习经历，或推荐能激发学习动力的自传。

以单元中各板块的任务为导向，进一步设计各任务中的教学活动，以帮助学生通过教学活动学习知识，提升素养。

(二) 聚焦课时内容，设计基于课时的活动链

教学活动是落实培养核心素养的途径，所以在设计时需要注意活动层次的递进、问题难度的提升、开放度的扩展，以最终达到思维的进阶，知识的结构化和大观念的建立。

以表4所呈现的第一课时为例，活动涉及了学习理解类、实践应用类和迁移创新类。通过三大活动中的子活动和具体学习要求（下划线的动词），引导学生进行学习理解、实践应用和迁移创新，同时提升了逻辑思维、批判性思维和创新思维。表4中也呈现了实现这三类活动需涉及的问题类型，也为问题链的设计做好了铺垫。

表4　第一课时活动链

教学环节	学习活动	思维品质	问题类型
学习理解类活动			
情境导入　读图预测	激活背景、激发兴趣、激活已知、扫除词汇障碍	逻辑思维	理解文本类问题
归纳结构	归纳出以三位人物学习经历与感悟为主线的自传结构		
梳理信息	理解并解构文本、发现三位伟人在学习经历上的异同点		
解读标题	归纳作者的观点与理念，强调主题“学习无处不在”		
实践应用类活动			
品读语言	识别并归纳出该语篇的语言特征	批判思维	拓展内涵类问题
读后感悟	内化并运用知识，以描述他人有益的学习经历和推荐自传，组织演讲的语篇结构		
迁移创新类活动			
以读促写	内化并运用所学语言和信息，发现并描述与三位名人类似的学习经历	创新思维	剖析评鉴类问题

（三）创设真实情境，设计基于教学活动的问题链

新高考命题基于“情境”，形成具有基础性、综合性、应用性和创新性的四种类型的试题。高考评价体系[①]中的“情境”指的是真实的问题背景，是以问题或任务为中心构成的活动场域。因此，在教学活动设计中也可以基础性、综合性、应用性和创新性为思考方向，设计基于真实情境、问题情境的，有层次性、关联性、能不断提升思维能力的问题链。

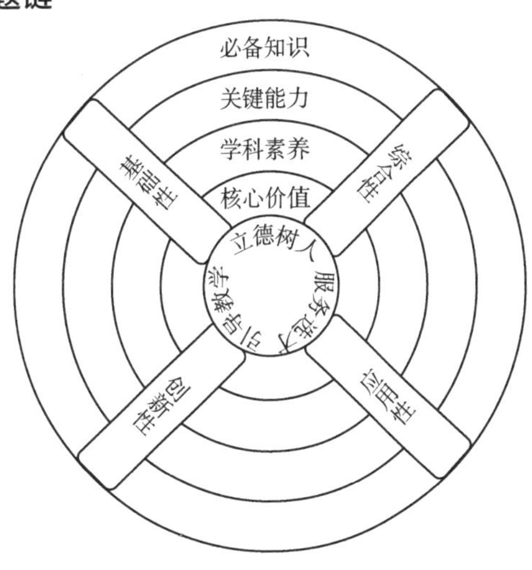

图2　中国高考评价体系

根据第一课时“Marie Curie”部分的文本，结合课时目标对学生应该达到的理解深度和思维层次进行分析，进而逆向设计形成的问题链。

① 教育部考试中心. 中国高考评价体系[M]. 北京：人民教育出版社，2019：18.

表 5 基于教学活动的问题链

<table>
<tr><td>5. Do you think Marie Curie's learning experience mentioned in the text promoted her learning for life?
剖析评鉴类问题</td><td rowspan="3">Marie Curie

Like my sisters and brothers, I started my study when I was only six years old. Because I was the youngest and smallest in the class, I was frequently brought forward to recite when there were visitors. This was a great trial to me, because of my timidity; I wanted to run away and hide. My father, an excellent educator, was interested in our work and knew how to help. He was very familiar with Polish and foreign poetry; he even composed poetry himself. His little poems on family events were our delight. On Saturday evenings, he used to recite or read to us the masterpieces of Polish prose and poetry. These evenings were for us a great pleasure and a source of patriotic feelings. Gradually I acquired a strong taste for poetry, and I willingly learned by heart long passages from our great poets and recited to others.</td></tr>
<tr><td>4. Can you describe your/others' similar learning experiences?
拓展内涵类问题</td></tr>
<tr><td>3. What did she acquire in those evenings?
2. How did Marie Curie overcome her timidity ans was willing to recite to others?
1. Can you guess the meaning of timidity from the context?
理解文本类问题</td></tr>
</table>

(四)深度学习过程中的形成性评价实施

1. 单元深度学习形成性评价

单元评价任务表在第一课时学习时就发给学生,每完成一个板块的学习就及时进行评价和反思,以发现优点和不足,收获和遗憾,从而及时调控自己的学习节奏、学习方法等。

表 6 形成性评价的手段与方式

<table>
<tr><td colspan="7">单元评价任务表
Class ________ Name ________</td></tr>
<tr><td></td><td>Reading A</td><td>Grammar</td><td>Listening, Viewing, Speaking</td><td>Reading B</td><td>Writing</td><td>Further Exploration</td></tr>
<tr><td>Topic</td><td>My learning experiences similar to the giants in the text</td><td>An autobiography which includes inspiring learning experiences</td><td>My group members' helpful learning experiences outside the classroom</td><td>Other suggested ways to encourage learning besides the way Xunzi encourages learning</td><td>Learning by doing</td><td>A practical weekly plan for each member of your group</td></tr>
<tr><td>What I already know</td><td></td><td></td><td></td><td></td><td></td><td></td></tr>
<tr><td>What I learned</td><td></td><td></td><td></td><td></td><td></td><td></td></tr>
<tr><td>How I can improve my learning</td><td></td><td></td><td></td><td></td><td></td><td></td></tr>
</table>

续 表

1. “单元评价任务表”通过单元评价任务为学生提供监控自己学习进展情况的方法，同时为学生提供了建设性的反馈方法，以便教师结合学生反馈作出形成性的评价，并对自己的教学加以改进。 2. 在课时教学实施过程中，教师要关注每个教学活动的实施反馈情况，为学生提供反思和改进学习过程的机会及时间，引导学生使用元认知策略，反思并及时改进自己的学习方法和状态。

2. 课时教学中的形成性评价

教学设计中的“效果评价”和“深度学习特征”板块都可作为形成性评价的检测点。教学设计中的评价描述有助于教师实施教学时关注学生的学习和核心素养达成度。

表 7　教学过程(第 7 课时)

教学目标	教学活动及互动方式	设计意图	效果评价	深度学习特征
1. To rank the factors of their own learning experiences in the order of importance.	**Activity 1** Discuss and share with the group the ranked factors that have promoted or may promote your learning and give reasons. **Activity 2** Group leaders write the top 3 shared factors on the blackboard and give reasons to the class.	反馈学生前一天思考的关于提升学习的要素，同时按重要性排序，为单元作业“制定学习计划”做好策略上的准备。	检查并记录学生作业中反馈的提升学习的要素及理由。 课堂上学生参与讨论和分享，并认真倾听组长的交流发言，并作适当补充。	**迁移与创造**：学生结合本单元的主题，反思自己的学习，并按重要性列出了各项提升学习的要素及其理由。 **价值与评判**：学生通过小组交流讨论，列出公认的最重要的三项要素。
2. To apply personal experiences as a writing strategy to support statements.	**Activity 3** Read the writing sample and underline the sentences used as supporting details. **Activity 4** Brainstorm the general statement. **Activity 5** List some details and indicate how the experiences are supportive. **Activity 6** Finish writing the article.	帮助学生感知并注意范文中使用了个人经历作为支撑句的写作策略；再通过头脑风暴主题句及筛选适合该主题的个人经历，内化和运用该写作策略。	学生能够通过学习范文理解该写作策略，在头脑风暴环节积极参与发言，主动思考写出一些自己的相关经历，并认真完成写作。	**活动与体验**：学生学习范文并理解将个人经历作为支撑句的写作策略。 **内化与交流**：学生思考并讨论交流主题句，将自己的想法通过口头表达进行内化。 **迁移与创造**：在主题句的引领下，学生筛选自己的个人经历，运用写作策略进行写作。

四、小结

在实践了“以学习评价促深度学习的逆向单元教学设计的实践研究”之后，笔者对比了以往教学设计，有如下感悟：

1.《课标》中关于“评价建议”很好地指引了教师在教学设计和实施过程中关注学生的学习过程，有效利用形成性评价的手段加强评价对学习的促进作用，使学生在学习过程中不断体验进步和成功，认知自我，建立自信，不断调整学习策略。教师不应像以往那样过多关注终结性评价。

2. 深度学习的特征既然是作为一种课堂评价的参照，那深度学习所需达到的特征目标也是逆向设计的重要部分，所以有必要在教学设计时就将这一“评价”部分予以充分考虑和精心设计。

3. “逆向设计”重视并依据核心素养的培养，以单元大观念为统领，按照“学习理解、应用实践、迁移创新”这三类学习活动的逆向顺序，以终为始，能有效达成单元教学目标，并让学习水平处于不同层次的学生在知识和思维层面都有收获和进步。

4. “逆向设计”让以往过多关注教学过程的设计转向关注学生的需求、兴趣、发展和素养水平达成情况，可使体验与实践相结合，反思与创新共发展，最终实现“以学生为中心”“因材施教”“深度学习”等目标。

（本文作者：上海市复旦实验中学　刘琼颖）

14. “基于真实情境”的高中政治议题式教学实践探索

——以“使市场在资源配置中起决定性作用”一课为例

摘要:“通过议题的引入、引导和讨论,使教学在师生互动、生生互动和开放民主的氛围中进行;通过问题情境的创设和社会实践活动的参与,促进学生转变学习方式”①是《普通高中思想政治课程标准(2017 年版 2020 年修订)》对高中政治改进教学方式的具体建议,从这一建议中可以看出基于真实情境的议题式课堂教学在高中政治课堂中的重要地位。本文将以必修二教材“使市场在资源配置中起决定性作用”一课为例,来探讨真实情境下议题式教学活动的序列化设计,从而增强教学活动的灵动性,激发学生深度学习的热情和激情,实现高中思想政治学科核心素养的有效落实。

关键词:真实情境;议题式教学;实践探索

所谓“情境”其实就是一种“氛围”,它能够激发人们主动地去联想、去想象和思考,从而在这种情境下产生某种情感的体验,最后获得某种形象或思维的成果。通常来说,良好的情境在事件发展中能够起到积极的作用。课堂情境是课堂教学的载体,高中思政课的创新与改革可以通过在课堂上创设多样化且贴近学生生活实际的真实教学情境来实现,这样不仅可以增强思政课教学活动的生动性、目的性和趣味性,而且可以促进课堂中学生的深度思考和深度参与,从而在真实的课堂情境中去有效落实高中政治学科的核心素养。

一、基于教学内容创设真实有效情境

《高中思想政治学科课程标准(2017 年版 2020 年修订)》指出,“思想政治学科核心素养就是看学生能否运用学科内容应对各种复杂的社会情境问题和挑战,学科内容也只有与具

---

① 中华人民共和国教育部.《普通高中思想政治课程标准(2017 年版 2020 年修订)》[S].北京:人民教育出版社,2020.

体的问题情境相融合，才能体现出它的素养意义，反映学生真实的价值观念、品格和能力。”[①]依据新课标的教学理念，核心素养的培育需要依托于围绕核心议题的学习活动，而学习活动的展开则需要创设有效的学习情境。那么什么是有效的真实学习情境？真实有效的教学情境，首先，一方面它得是真实的，这个真实就是要选择紧密贴近学生生活实际的情境，学生的思维才能够与这一教学情境产生共鸣；另一方面，它得是有效的，真实的教学情境还必须和课堂教学内容紧密结合，在真实情境中落实课堂学习任务，这样的教学情境才有效，也才能更好地在教学情境中有效落实学科核心素养。

本文以高中政治必修二《经济与社会》第二课第一框“使市场在资源配置中起决定性作用”教学为例，探讨在高中政治议题式教学中如何有效创设真实情境、如何设计序列化的议题式活动，从而落实好高中政治学科“政治认同、科学精神、法治意识和公共参与”的学科核心素养。“使市场在资源配置中起决定性作用”是必修二第二课“我国的社会主义市场经济体制”第一框内容，本框内容沿着“市场是如何配置资源的—市场如何更有效地发挥作用—市场调节有哪些缺陷”这样的逻辑线索层层递进依次展开。

基于以上的教学内容，结合近年来我国“芯片荒”的时政案例，本文以“中国芯片的成长之路”为实例创设问题情境，从“缺芯之痛—造芯之难—国芯未来”引导学生采用多种方式自主学习、合作学习和探究学习，使学生辩证全面地看待市场在资源配置中的决定性作用，从而认同我国的社会主义市场经济体制，培养学生政治认同、科学精神和公共参与的政治素养。本文以“使市场在资源配置中起决定性作用”课堂教学为例，具体设置的真实情境见表1。

表1　教学情境设置

教学环节	教学情境设置
导入环节	以真实的芯片实物和全球芯片荒视频导入，引发同学们思考我国芯片供应的现状。
缺芯之痛	当前我国芯片市场是如何从“买不到”到“买不起”的？通过“缺芯之痛”的现状这一真实情境入手，引导学生深度思考芯片从“买不到”到“买不起”背后的原因是什么？
造芯之难	目前我国的芯片市场在生产和销售环节存在哪些问题？通过我国目前芯片销售和生产市场存在的问题这一真实情境入手，引导学生思考目前我国市场体系和市场调节存在的问题。
国芯未来	面对芯片市场困局，我国应该怎么办？——“模拟芯片行业发展大会”，引导学生分别从政府相关部门、芯片生产相关企业和芯片消费者这三个不同角度，就“如何推动我国芯片行业健康发展”这一主题建言献策。

二、基于真实情境设计序列化的议题活动

《高中思想政治学科课程标准(2017年版2020年修订)》指出，“教学设计能否反映活动

① 中华人民共和国教育部.《普通高中思想政治课程标准(2017年版2020年修订)》[S].北京:人民教育出版社,2020.

型学科课程实施的思路，关键在于确定开展活动的议题……议题活动设计应有明确的目标和清晰的线索，统筹议题涉及的主要内容和相关知识，并进行序列化处理。”①

依据新课标的教学理念，要完成对应结构化的学科内容，就要力求提供序列化的活动设计，关键在于开展活动的议题确定②，同时对于序列化的议题活动又必须基于真实有效的教学情境。因此本文基于“中国芯片的成长之路”的真实情境，围绕“怎样理解市场在资源配置中起决定性作用?”这一核心议题，设置了如下的分议题：

(一) 分议题一　缺芯之痛—市场是如何实现资源配置的?

基于“缺芯之痛”的真实情境，学生在分议题一“市场是如何实现资源配置的”指引下，以小组为单位，思考讨论芯片从“买不到”到“买不起”背后的原因，从而使学生认识到在市场经济中，市场主要通过价格、供求、竞争三大机制来实现资源的合理配置，具体设计见表2。

表2　课堂任务设置1

学生活动	教师活动	设计意图
学生以小组为单位，思考讨论芯片从“买不到”到“买不起”背后的原因；学生以芯片行业的发展为例，说明商品供求和价格之间存在什么关系，并及时完成学习任务单示意图。进一步认识和理解商品价格的变化对供求关系的影响。	提供背景材料和问题，鼓励、支持学生思考、解决问题，引导学生科学分析商品价格的变化对商品供给和需求的影响，引导学生总结思考价格、供求和竞争三大机制在市场配置资源中是如何具体发挥作用的，进一步感悟市场调节的优越性。	布置小组探究，引导学生联系所学知识，迁移运用知识解决问题，并能在真实的情景中分析市场配置资源的三大机制，基于真实的情境突破难点，让学生理解和认同市场在资源配置中的决定性作用。
任务1:芯片从“买不到”到“买不起”，反映了什么？以芯片市场的发展为例，说明商品供求和价格之间存在什么关系？		

(二) 分议题二　造芯之难—市场调节是万能的吗?

基于“造芯之难”的真实情境，学生在分议题二“市场调节是万能的吗”指引下，以小组为单位，思考讨论芯片制造能全部交给市场吗？为什么？从而使学生在议题指引下，探索总结得出市场调节并不是万能的，市场调节存在自发性、盲目性和滞后性等弊端，懂得要辩证看待市场在资源配置中的作用，具体设计见表3。

① 中华人民共和国教育部.《普通高中思想政治课程标准(2017年版2020年修订)》[S].北京：人民教育出版社，2020.

② 王国芳.发挥议题教学价值　推动思政教学转型[J].福建教育，2019(29):50—54.

表 3　课堂任务设置 2

学生活动	教师活动	设计意图
学生思考探讨如果新成立一家芯片生产企业，需要做哪些准备？学生思考芯片制造能全部交给市场吗？为什么？学生思考讨论三则材料分别反映了市场调节的什么缺陷？	鼓励学生课堂积极发言，勇于表达，结合学生的举例，鼓励学生思考探讨市场调节的局限性，明确市场调节并不是万能的。	通过学生课堂的思考与交流，明确市场体系的内涵，进而引出芯片制造能全部交给市场吗？为什么？引导学生对材料的分析和思考，明确市场在资源配置中的弊端，需要大家正确认识市场的缺陷，培养学生分析问题和辩证思维的能力。
任务 2：通过芯片市场存在的问题和困境，明确市场调节并不是万能的，市场调节也有局限性。		

（三）分议题三　共创“国芯未来”——怎样更好发挥市场在资源配置中的作用？

基于“国芯未来”的真实情境，学生在分议题三“怎样更好发挥市场在资源配置中的作用”指引下，学生以小组为单位，思考探究针对芯片行业发展难题，就如何推动我国芯片行业健康发展，发表观点并阐述“市场”和“政府”这两只手如何更好合作，才能共创“国芯未来”，具体设计见表 4。

表 4　课堂任务设置 3

学生活动	教师活动	设计意图
结合课前导入探究、课本材料、视频资料提取信息，针对芯片行业发展难题，就如何推动我国芯片行业健康发展，发表观点阐述我们应该建立什么样的市场体系以及如何建立现代化市场体系。假如你是政府代表、芯片生产企业或芯片消费者，请你围绕主题建言献策、针对以上问题学生开放式讨论交流总结归纳。	提供材料和问题，鼓励和提示学生思考解决问题。通过引导学生发表持之有故、言之有理的见解。	依托情境进行活动探究，引导和鼓励学生透过当前我国芯片产业发展的现状，通过课堂讨论，激发学生的学习兴趣，辩证分析建立合理的市场秩序的必要性，探究建设现代化市场体系的主要举措。通过探究活动培养学生思考问题、分析问题以及解决问题的能力，引导其关注并深入探究社会现象，有利于培养学生公共参与的核心素养。
任务 3：小组讨论——面对芯片市场困局，我们应该怎么办？——“模拟中国芯片行业发展大会”。		

课堂小结：回顾中国芯片的成长之路，要想促进我国芯片产业不断蓬勃发展，就要发挥好市场在资源配置中的决定性作用，建立统一开放、竞争有序的市场体系，这是前提和基础。同时市场在资源配置中起决定性作用，但这个决定性作用并不是全部作用，市场调节也有自己的弊端。所以面对市场的局限和弊端，就要更好发挥政府宏观调控的作用，从而及时弥补市场的缺陷，所以政府和市场“两只手”的配合要优于单靠市场调节的“一只手”。

让市场更有效，让政府更有为，才能不断巩固和完善我国的社会主义市场经济体制，不断成就中国的经济奇迹，中国的芯片也才会有更好的未来。改革开放 40 多年来，我们创造性地把市场经济体制与中国具体国情相结合，建立起具有中国特色的社会主义市场经济体制，这是我们骄傲的中国智慧和中国道路。

三、基于实践探索的教学反思

依据新课标的教学理念，核心素养的培育需要依托于围绕核心议题的学习活动，而学习活动的展开则需要创设有效的学习情境，本课的教学紧紧围绕“怎样理解市场在资源配置中起决定性作用?”这一核心议题，通过创设有效真实的学习情境，展开课堂教学互动，创造创生智慧的课堂，充分彰显了高中思想政治课程的育人价值。

“有效学习情境是影响、帮助、促进学习者在特定的环境(情境)中，通过教学双方的互动(议题的深入展开)建构自身与世界有意义的关联，从而实现知识的运用、能力的发展、素养的培育、人格的健全。”本文在有效学习情境的创设上，主要涵盖了以下三个基本维度：

(一) 创设学习展开的背景：历史的、文化的、现实的

中学政治学科的教材文本所涉及的基本知识，往往是某种具有特定意识形态的概念、观念和社会制度，而要引导好学生对这种观念的理解和对相关制度的认同，尤其需要关注这些观念、制度所形成的历史的、文化的背景以及它们在现实生活中所发挥的作用①。

因此，本课教学导入环节是从历史的维度上引导学生体会从“计划经济到市场经济转型”的必然性，环节一、二、三则是从现实的维度上，围绕我国芯片产业发展的现状和面临的问题这一真实情境，依托这一真实情境，让学生深度思考和探讨如何更好发挥市场在资源配置中的决定性作用，从而使学生理解和认同市场调节的方式和优点。因此，本课通过历史与现实的互动，力图为学生的学习创设一个厚实的、真实的学习情境。

(二) 营造学习活动的场景：师生的、生生的、对话的

议题教学的关键在于“议”的过程，不同的学习者之间围绕某个议题的深入交流，既是教师教的展开过程，也是学生学的活化过程。在这个过程中，我们尤其需要依托特定的真实情境，将核心议题转化为具体的问题链。在本课的教学中，教师以“中国芯片的成长之路”为真实情境，通过“讲一讲”“想一想”“议一议”等几组学习任务的巧妙设计，指导学生分小组开展合作学习、探究学习、深度学习，层层深入、逐步推进，具有很强的代入感，实现了师生的、生生的积极对话和互动，符合学生学习的认知规律，非常好地激活了学生的学习兴趣和思维

---

① 丁毅斌，姚思聪. 从“相互说”到“互相议”——议题式教学中的“假议”现象反思[J]. 中学政治教学参考，2020(27)：72—74.

张力。[①]

(三) 开拓学习深入的前景:个人的、社会的、世界的

“学习是意义的关联与建构”,高中思想政治学科核心素养的培育,在一定的意义上就是建构学科知识与学生真实生活实践的关联,这种关联不仅是历史的、当下的,更是面向未来的、具有生长性的,社会主义市场经济体制也是一个在不断变化、变革中的体制,而这种变化与我们每一个人的未来具有深刻的关联性。

本课教学的最后一个环节,围绕“如何推动我国芯片行业健康发展”这一主题,组织学习者进行 3 种角色(消费者、生产者、监管者)的换位思考,并鼓励他们结合自身实际提出自己的意见和建议,这样具有生活性、开放性、生长性的问题,正体现了高中思想政治学科核心素养“作为指向复杂情境需要的综合性品质,需要学习与任务情境持续互动,在不断解决问题、创生意义的过程中得以养成”[②]的新课标理念。

总之,在高中思想政治课堂教学中,教师开展议题式的教学活动既要充分发挥自身的引导作用,又要善于把握当下的时政热点,尊重学生的想法和意见,去积极创设学生喜闻乐见的议题活动。同时,在议题活动的开展过程中,要适当给予学生自主学习、思考的时间和空间,使其在论证、分析、升华以及内化的过程中,去有效实现自身知识、能力以及高中思想政治学科核心素养的全面提升,不断打造“创生智慧”的课堂,从而真正落实高中思想政治课程“立德树人”的根本任务。

(本文作者:上海理工大学附属中学　陈兴杰)

---

① 丁毅斌,姚思聪.从“相互说”到“互相议”——议题式教学中的“假议”现象反思[J].中学政治教学参考,2020(27):72—74.

② 丁毅斌,姚思聪.从“相互说”到“互相议”——议题式教学中的“假议”现象反思[J].中学政治教学参考,2020(27):72—74.

15. 核心素养视域下高中思政课单元作业设计实践研究

摘要：单元作业设计，以新课程标准为依据，教材为依托，以学科核心素养为轴心，立足学生特点，凸显学科自身特色，围绕单元目标，作业设计注重人文化、素养化、立体化、功能化，注重长作业和短作业相结合、基础作业和分层作业相结合、书面作业和实践作业相结合。作业设计强调真实情境、实际问题作为测试切入点，由“重知识、技能”向“重能力、素养”测评转变，强调试题的探究性和试题类型的多样性等，培养学生思维的系统性、深刻性和灵活性，促进高阶思维的发展。

关键词：高中思政课；核心素养；单元作业设计

《普通高中思想政治课程标准（2017 年版 2020 年修订）》明确了高中思想政治学科的核心素养，学科教学要注重素养目标的达成。单元教学是承载素养培育的重要组织形式，而单元作业设计是发展学生学科核心素养单元教学设计的重要组成部分。单元作业设计把单元作为一个整体加以思考设计，避免了当前高中思政课作业设计中存在的不足之处：如，作业内容重复烦琐、作业类型单一枯燥、作业目标指向性模糊，存在反复操练性质的作业在不同课时的简单重复等等，这在一定程度上消减了学生主动学习的积极性，不利于学生学科核心素养能力的培育。对标这些现实问题，为减轻学生不必要的作业负担，实现作业的提质增效，必须牢固树立单元理念，在单元教学设计基础上进行单元作业的设计。单元作业设计依据单元教学目标，结合教材文本的特点，在整合、重组的基础上有层次地设计作业，单元作业的整体思考能增强不同课时作业内容之间的衔接性、递进性，帮助学生将零散的认知联系为一个整体，简化他们对知识的认知过程，使他们的思维更具有全局意识和系统性①，有助于教师更加系统地思考教学内容、目标、评价，创新作业设计的内容和形式，提高教学质量，也有助于培养学生思维的系统性、深刻性和灵活性，促进高阶思维的发展。笔者以统编教材《哲

① 刘春文. 基于目标和议题统整单元作业的内容和类型[J]. 语文建设，2023(11)：11—15.

学与文化》(人民教育出版社,2019 年版)第一单元"把握世界的规律"为例,探索在核心素养视域下高中思政课单元作业设计的实践研究。

一、单元主题的选定与规划

进行单元作业设计的前提是对单元主题的选定和单元课时的规划,确定了单元主题和单元课时再开展后续的单元作业设计。

(一) 单元主题的选定

通常教材中已经对单元进行了划分,但教师也可以根据知识结构体系对单元进行重构。例如本次单元作业设计,笔者选取的单元是统编教材《哲学与文化》(人民教育出版社,2019年版)第一单元"把握世界的规律"。其实在最初选择单元的时候,出现了两种思路:一种是直接选择教材已经划分好的单元《探索世界 把握规律》,以"马克思主义哲学辩证唯物主义"为主题组织单元作业设计,这个主题的范围比较大,包括"马克思主义哲学辩证唯物主义"内容中的唯物论部分、辩证法部分;另一种是选取"唯物辩证法"这一模块,包括联系观、发展观、矛盾观三部分内容,这三者不是割裂的,而是有内在的关联,可以根据"唯物辩证法"的知识结构体系选取"把握世界的规律"为一个单元。(图 1)

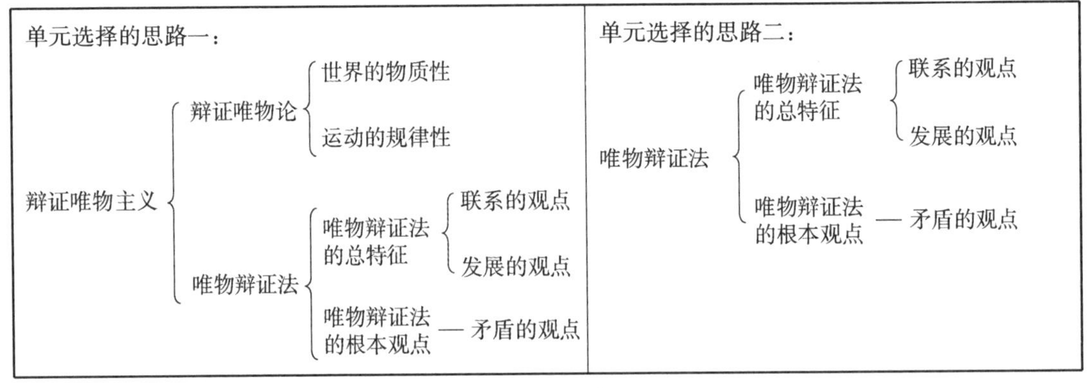

图 1 单元选择的思路

最终,考虑到单元的知识容量,从学生的学情出发,笔者选择了第二种思路,根据"唯物辩证法"的知识结构体系,将"联系观、发展观、矛盾观"确定为一个单元进行单元作业设计,这不仅凸显知识的整体性逻辑,也符合统编教材将联系、发展、矛盾进行整合的单元编写逻辑。

(二) 单元课时的规划

选定单元主题之后,下一步就是对单元教学内容进行课时规划。在本次单元作业设计中，作业设计根据联系观、发展观、矛盾观的世界观和方法论，将单元教学内容划分为8个课时，同时考虑到单元作业设计中单元知识综合运用的需要，又特别设计了第8课时单元综合探究。本单元的规划具体如下：（见图2）

单元情况	单元信息	统编教材必修4《哲学与文化》 单元名称"把握世界的规律"
	各课时名称	课时1：世界是普遍联系的 课时2：用联系的观点看问题 课时3：世界是永恒发展的 课时4：用发展的观点看问题 课时5：矛盾是事物发展的源泉和动力 课时6：矛盾问题的精髓 课时7：用对立统一的观点看问题 课时8：坚持辩证法，反对形而上学

图2　单元的规划

二、单元作业目标的确立

单元作业的设计不是随意为之，而是在单元目标引领下进行。确立单元目标是设计单元作业的关键所在。教师要基于单元知识体系，根据学科课程标准，结合学生学情，确立单元作业目标。[①]

单元作业设计是教师课堂教学完成以后，以单元为基本单位，依据单元教学目标，结合教材文本的特点，在整合、重组的基础上有层次地设计作业。新课程理念指导下，单元作业不单单是课堂学习的延伸，更是单元教学设计的重要组成环节。也就是说，在学科核心素养为导向的前提下，确立单元作业学习目标。确定单元目标，根据单元内容自身的特色，按照课标中素养目标要求→学情分析→注重知识梳理→夯实基础→巩固提高→拓展探究→能力提升的思路进行。

单元作业目标的设计需要包括学科核心素养目标、学习目标，对应的素养水平，目标描述按"情境—知识—任务—行为表现"的模式进行。同时相较于课时目标，单元目标不局限于单一课时，可以进行跨课时的设计。如果设计跨课时的单元目标，应充分体现目标在不同课时的水平层次递进。在具体实践过程中，通过编制"单元作业目标设计表"，更好地进行单元作业目标的设计（部分设计如下）：（见表1）

① 周坤亮.单元作业设计：为何与何为？[J].江苏教育研究，2020(05)：4—8.

表1 “把握世界的规律”单元作业目标设计表(部分)

作业、试卷的单元目标设计表			
单元目标编码	目标描述	学科核心素养	对应学科素养水平
ZZ1110401	根据相关信息说出事物是联系的	公共参与	素养水平1
ZZ1110402	归纳出联系的特点是多样性	科学精神	素养水平2
ZZ1110403	根据相关信息归纳出联系普遍性特点	公共参与、科学精神	素养水平2
ZZ1110404	归纳出联系客观性特点	科学精神	素养水平2
ZZ1110405	理解联系的条件性特点	公共参与	素养水平2
ZZ1110406	理解事物之间的联系具有普遍性	公共参与	素养水平3
ZZ1110407	说出事物之间是普遍联系的	公共参与	素养水平1
ZZ1110408	理解联系的客观性特点	科学精神	素养水平2
ZZ1110409	理解人们可以根据事物固有的联系,调整事物的状态,建立新的联系	公共参与、科学精神	素养水平3
ZZ11104010	理解联系的条件性	公共参与	素养水平2
ZZ11104011	理解事物之间的普遍联系是无限多样的,重视事物生存和发展的条件	公共参与、科学精神	素养水平3
ZZ11104012	根据材料信息归纳事物之间是普遍联系的	政治认同、公共参与	素养水平3

三、单元作业内容和形式的设计

根据确立的单元作业目标,接下来进入单元作业设计的核心环节,即单元作业内容和形式的设计。

(一) 单元作业的内容设计

单元作业的内容要依据目标进行设计,每题作业内容都应该有其相对应的作业目标。具体作业内容的来源主要有三种:引用、改编、原创,其中原创相较于引用和改编,创新性更加凸显,但科学性和准确性较难把握。因此,数量和质量都有保证的原创题,可以为单元作业设计增添极大的光彩。此外,作业内容的素材可以选自社会生活实际,也可以选自学科经典案例,还可以根据近年来的教育教学趋势,融入跨学科元素。

在单元作业设计过程中借助“作业题目属性汇总表”对每一题作业的基本情况进行分

析，包括作业所属课时、作业目标指向、素养目标、素养水平、作业题目来源、作业题目类型、作业完成方式、作业难易程度、作业完成时间等，以此提高作业设计的质量。（见表 2）

表 2 “把握世界的规律”作业题目属性汇总表（部分）

题号	所属课时	知识内容	素养目标	素养水平	题型	难度	完成时间（分钟）	完成方式	试题来源	是否为某一题的拆分	备注
Z1002(1)	02	联系的普遍性	科学精神	水平 1	单选	较低	0.5	书面	改编	否	
Z1002(2)	02	联系的客观性	科学精神、公共参与	水平 1	填空	较低	0.5	书面	原创	是	
Z1002(3)	02	联系的普遍性	科学精神	水平 2	单选	中等	1	书面	改编	否	
Z1002(4)	02	联系的条件性	科学精神	水平 2	多选	中等	1	书面	改编	否	
Z1002(5)	02	联系的多样性	科学精神、公共参与	水平 2	多选	中等	1	书面	改编	是	
Z1002(6)	02	联系的普遍性	科学精神、公共参与	水平 3	简答	运用	1.5	书面	改编	否	跨学科生物

教师在“作业题目属性汇总表”的基础上，进一步对作业内容的科学性、作业情境的适切性、作业表述的精准性、作业要求的明确性、作业答案和评价标准的合理性等展开更为细致的质量分析，制作“作业质量分析反馈表”，从而对作业设计进行优化和改进。

（二）单元作业的形式力求多样化

教师在设计单元作业时充分凸显作业内容的综合性和作业形式的多样性。从单元作业的内容上来看，不仅需要设计每一个课时、每一个知识点的作业，还要设计综合所有课时、所有知识的单元综合作业。从单元作业的形式上来看，要将书面作业和实践作业相结合、短作业与长作业相结合。例如，在“把握世界的规律”的单元作业设计中，前七课时的作业设计都是以某一单一知识和书面短作业为主，而在第八课时特别设计了承载前七课时知识综合运用的综合实践探究活动。

（三）单元作业设计注重层次递进性、结构系统性

单元作业设计时要充分考虑作业的关联性、层次性、递进性。一方面，就整个单元而言，不同课时之间的作业要呈现知识和能力的递进。如，在“把握世界的规律”单元作业设计中，第八课时的作业正是前七课时作业的递进与深入；单元作业设计结构，从走进生活→掌握概

念→理解概念→运用概念→理性思维→实践探究，对应的学科素养水平也呈递进趋势：从素养水平 1→素养水平 4 的递进。另一方面，就每个课时而言，作业的板块、内容、形式也要呈现知识和能力的递进。如，在“把握世界的规律”前七课时的作业设计中，从知识线和思维线两条线索层层递进，作业设计遵循“个性—共性—个性”“具体—抽象—发散”的思路，设计了【生活·感知】【自主·探究】【拓展·延伸】【情境·实践】四个层层递进的作业板块，并且在【拓展·延伸】板块还设计了分层作业，学生可以根据自身的学习水平选择完成相应层次的作业；而在第八课时的作业设计中，遵循“由表及里、由微观到宏观、由浅入深、由易到难”的思路，内容设计上从微观“绿色物流”到中观“互联网＋物流”再到宏观“经济发展与环境保护”，逐步深入，形式设计上从议题探究到辨析探究再到社会实践探究，逐渐升级。

单元作业具有内容综合、形式多样、层次递进、结构系统等特点，教师在设计单元作业时要把握这些单元作业设计特点，遵循单元作业设计的基本原则：综合设计单元作业内容；将书面作业和实践作业、短作业和长作业相结合，丰富单元作业形式；思考课时作业之间的层次，实现单元作业的递进；从整体着眼，系统布局、统筹分布作业的课时、目标、学习水平、题型、完成方式、难度、来源等等，优化单元作业的结构；在单元作业设计完成并实施之后，教师还要注意收集学生对作业的反馈，通过分析学生反馈，检测和评价作业设计质量的优劣、作业设计是否达到预设目标等，并在此基础上对作业进行修改和完善，这样才能真正提升单元作业的质量。

四、高中思政课单元作业设计实践研究的几点思考

（一）提高单元作业设计的有效性

单元作业设计，以课程标准为依据，教材为依托，以学科核心素养为轴心，立足学生特点，凸显学科自身特色，围绕单元目标，作业设计注重人文化、素养化、立体化、功能化，注重长作业和短作业相结合，基础作业和分层作业相结合，书面作业和实践作业相结合。作业设计强调把真实情境、实际问题作为测试切入点，由“重知识、技能”向“重能力、素养”测评转变，强调试题的探究性和试题类型的多样性等，培养学生思维的系统性、深刻性和灵活性，促进高阶思维的发展。通过实践研究，提高单元作业设计有效性，一般的路径是：选定和规划单元—确定单元作业目标—设计单元作业内容和形式，其中单元的选定和划分是基础、单元作业目标的确定是关键、单元作业内容和形式的设计是核心。此外，在单元作业设计完成并实施之后，教师还要注意收集学生对作业的反馈，通过分析学生反馈，检测和评价作业设计质量的优劣、作业设计是否达到预设目标等，并在此基础上对作业进行修改和完善，不断提高作业的质量。

（二）以单元理念改变教学行为，提升学科育人价值

教师要转变观念，牢固树立单元理念和新课标理念。作业设计是以单元为主体，基于一个单元的主题设计每个课时的作业和整个单元试卷，这里的单元不仅可以是教材限定的单元，也可以是打破教材以某一知识主题为体系重新进行内容整合的单元。单元作业设计相较于传统的课时作业设计更有助于教师系统思考教学内容、目标、评价，创新作业设计的内容和形式，提高教学质量。① 因此，教师必须牢记自己设计的是单元作业而不是课时作业，将单元理念贯穿始终，这样才能确保基于单元教学的视域开展作业设计，而不是以单元作业的名义继续设计传统的课时作业。单元作业的设计与实施，要基于学科核心素养确定单元作业目标，并以单元作业目标引领单元作业设计，着眼于学科核心素养的培育，落实立德树人的根本任务，发挥正确价值观的引领作用，体现德智体美劳全面发展的育人理念，学生通过学科学习逐步形成正确的价值观、必备品格和关键能力。②

（本文作者：上海市复旦实验中学　龚菊萍）

① 周坤亮.单元作业设计：为何与何为？[J].江苏教育研究，2020(05)：4—8.
② 范竹发.新时代高中思想政治课的“七度修炼”[J].现代中小学教育，2021，37(02)：1—6.

16. 指向核心素养的高中思想政治议题式教学探究

摘要:高中思想政治课程是一门极具时代气息特征的综合性、活动型课程内容,新时代发展要求给高中思想政治教学提出了新的任务和使命。为落实素养培育目标,通过创新教学方式提高教学实效,探索围绕议题设置教学目标、教学问题、教学情景及教学活动,总结出议题式教学落实学科核心素养的关键问题,旨在通过教学创新提升高中思想政治学科教学的整体质量,培养学生的核心素养,达到立德树人的根本目的。

关键词:核心素养;高中思想政治课;议题式教学

随着新课程新教材(以下简称"双新")改革的不断深入,素养教育也在不断推进。创新教育教学方式,使学生深度参与课堂,成为学习的主体,是落实素养教育的关键问题。议题式教学作为活动型教学课程载体,有利于创设以学生为主体的学习方式,创设学生智慧生成的可能空间。

一、问题的提出

(一)新时代背景下传统高中思想政治课堂教学现存问题

传统课堂教学方式比较单一。传统高中思想政治课的课堂上,通常由教师主导讲解和论证一个观点,直到让学生了解为止。这样的教学方式之下教师很少让学生自己发现并提出问题,更很少让学生自己独立论证一个观点。长此以往,学生对教师、对课堂产生了一种强烈的依赖性,不爱自己动手动脑,只是被动地等着接受知识。由教师主导把控问题的模式容易导致教师对学生的个体差异关注不够,容易使问题的解决最终落在知识的掌握层面。在科学技术如此发达的时代,我们需要的不仅是逻辑性极强的人才,更需要创新型人才。我们如何培养创新型人才,归根结底还得需要教育改革,翻转传统教学方式,依据现代社会的要求作出适应性调整,以培养符合时代要求的智慧人才。

（二）“双新”背景下课程转型的必要性

“双新”背景下明确高中思想政治课活动型课程教学改革方向。2019 年上海市全面实施高中思想政治统编教材，2020 年修订版课程标准在“教学与评价”建议部分指出“围绕议题，设计活动型学科课程的教学”，[①]进一步明确了高中思想政治课的教学要求。面向新时代，高中思想政治课传统课堂教学模式难以适应新形势下思想政治课教学要求，需要进行教学变革。严宏亮指出：思想政治课中的议题式教学，强调以议题为实践载体，以政治学科知识为理论依托，以学生的自主学习、调查研究展示交流为主要内容，以教师的引导与指导为有效保障，从而促进学生在体验生活中掌握学科理论知识，在交流互动中坚定正确价值取向，在教师引领中提升个人素养。[②]

（三）杨浦区“创智课堂”教学改革的实践基础

杨浦区高中思想政治学科积极探索创新教学模式构建“创智课堂”。2020 年杨浦区获评“普通高中新课程新教材实施国家级示范区”，区域内以素养培育为指向，以“创智课堂”项目为引领，开展全区高中学校课堂变革与教学转型的研究与实践。杨浦区高中思想政治学科“创智课堂”追求突破传统教学方式的创新形态，通过时政论坛进行时政课堂教学，在教育戏剧实践中建构情境、解决问题。又如，从模拟政协、模拟联合国，到法制辩论赛和时政演讲赛，充分体现了高中思想政治课堂教学模式的推陈出新，有利于“创智课堂”实践目标的实现。[③]

二、议题式教学实践

议题式教学是承担高中思想政治课活动型课程教学改革的重要载体，合理组织议题式教学才能发挥议题式教学的优势，促进学生核心素养的发展。以必修三某课堂教学为例，探索运用议题式教学的关键问题。

（一）确定教学目标

把握教学内容，在分析学情基础上确定教学目标。把握教学内容，制定适恰的教学目标是我们开展课堂教学的前提和基础，以目标为引领组织学生在讨论议题的过程中实现课堂创智，落实素养目标。确定教学目标首先需要把握课程标准要求，如必修三第五课第一框课堂教学内容依据《普通高中思想政治课程标准(2017 年版 2020 年修订)》要求，在结合核心素

---

① 中华人民共和国教育部. 普通高中思想政治课程标准(2017 年版 2020 年修订)[S]. 北京：人民教育出版社，2020：42.

② 严宏亮. 思想政治课议题式教学探究以“垃圾围城为例”[J]. 中学政治教学参考，2017(19)：14—15.

③ 杨鹏. 杨浦区思想政治学科“创智课堂”实践指南[M]. 上海：上海交通大学出版社，2018：2.

养水平要求及学业质量水平要求之下，明确单元育人价值是通过学习中国共产党领导下的人民当家作主发展历程和具体内容，希望学生能理解、认同只有坚持中国共产党的领导才能不断完善我国的政治制度和政治体系，从而保障全过程人民民主，推进人民当家作主，继而涵育学生以政治认同、科学精神、公共参与为焦点的学科核心素养。在充分把握内容的基础上分析高一学生有一定的认知基础，通过学前调研把握学生目前针对本课的主要理解难点有以下几个问题：我国人民是如何当家作主的？公民参与政治生活有哪些具体方式？国家一切权力属于人民，那么我作为人民的一员如何行使国家权力？

把握教学内容与学情，梳理单元核心问题并提出相应的学习议题（见图 1），围绕核心问题的解决，明确单元教学目标，为单元教学思路指明方向。如该单元最终制定的学习目标为：通过学习人民代表大会制度的特征和优越性等内容，学生能综合运用所学在一般情境下论证人民代表大会的优越性，理解我国人民行使国家权力的途径和方式。

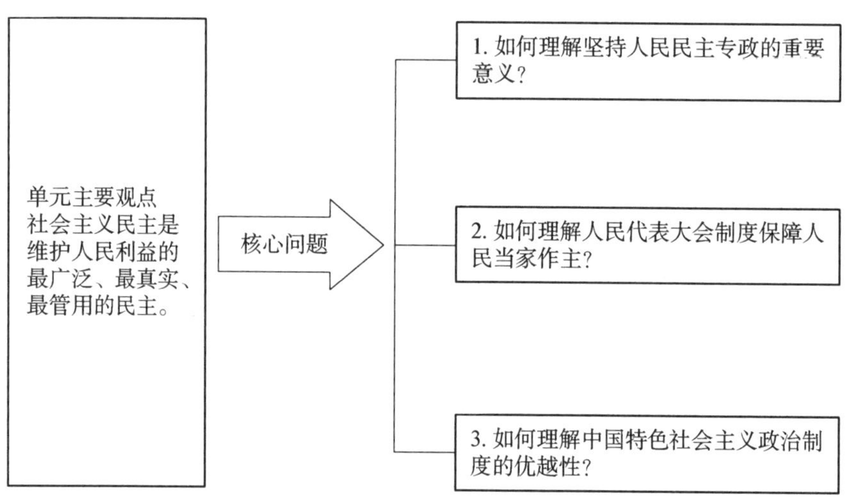

图 1　单元主要观点与核心问题

（二）创设课时问题链

以单元议题为引领，创设每一课时的问题链。厘清单元主要观点与核心问题，指导教师在单元逻辑之下确定单元教学议题，依据议题情景开展课时问题链的设计。以必修三《政治与法治》第二单元教学为例，依据议题课创设以下课时问题链：

通过问题链串联知识内容，使学生通过问题驱动其主动探究问题、解决问题，转变被动学习观念，通过自主学习、合作探究等方式调动学习积极性，提升学生解决问题的思维能力，从而培养学生的素养能力。

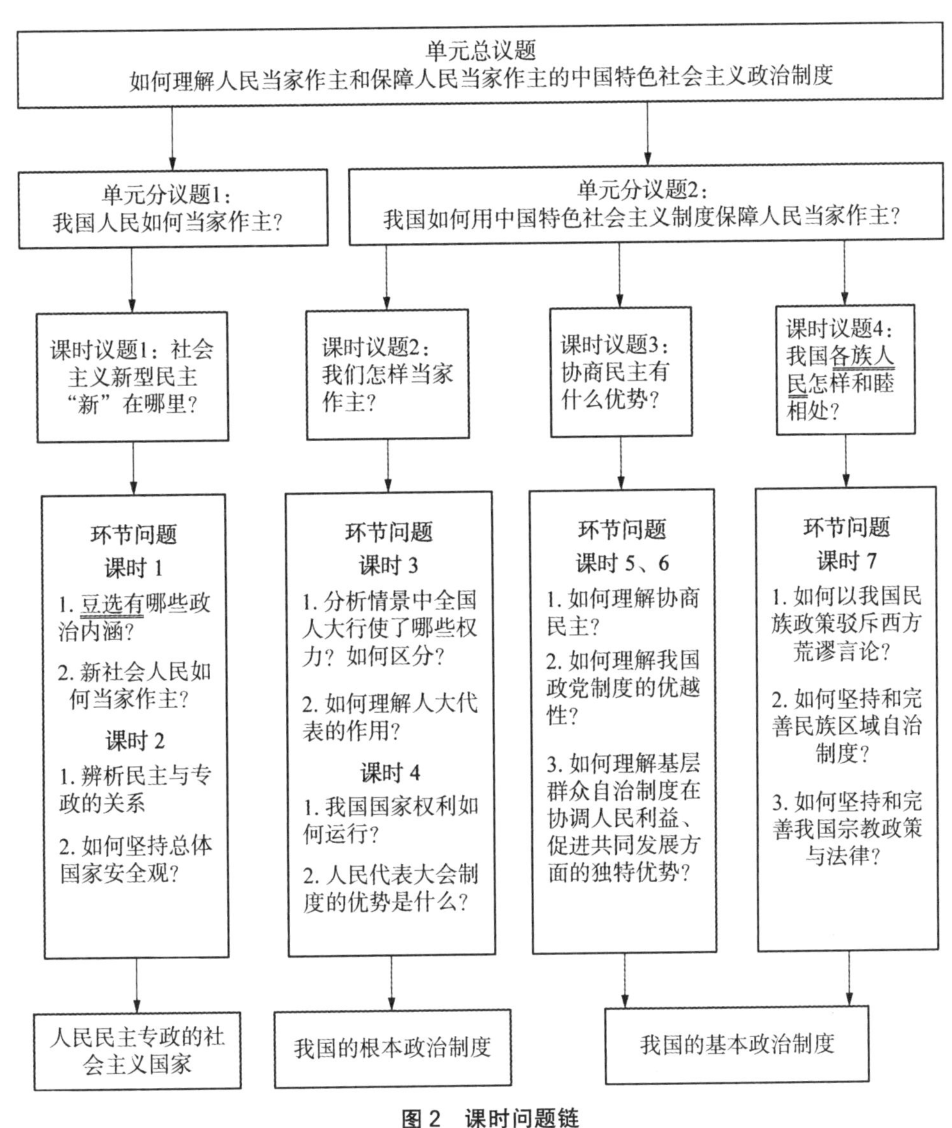

图 2　课时问题链

（三）创设教学情景

议题式教学通过创设学生熟悉且真实的生活情景，引起学生的共鸣，实现感性和理性的交融，从而为学科核心素养的落地找到方向和路径。① 议题式教学在围绕问题解决过程中创设的教学情景应当是真实情景中的实践，才能使学生能在真实的问题情境中感悟抽象深远的政治学习内容，并就问题情境产生多样化见解，诞生精彩的思维成果。

例如必修三第二单元所创设的议题中，每一议题都依据一个真实的问题情境开展探究

① 杨鹏. 杨浦区思想政治学科“创智课堂”实践指南[M]. 上海：上海交通大学出版社，2018：2.

（见表1），为学生搭建理论与实际相结合的学习场景，使学生能在真实情景中获得实践、反思和回顾的机会。

表1　课时议题情景

课时议题	议题情景
社会主义新兴民主"新"在哪里？	"豆选"的变迁与发展
我们怎样当家作主？	春天里的盛会——全国人民代表大会
协商民主有什么优势？	1. 春天里的盛会——中国人民政治协商会议 2. 加装电梯的困与路
我国各族人民怎样和谐相处？	我国民族生活图景

三、议题式教学反思

基于议题式教学实践过程中的实际情况，反思议题式教学的关键问题，使议题式教学方式能真正为落实核心素养服务，实现课堂创智，提升教学质量。

（一）把握议题导向，明确素养目标

内化情感体验，培养政治认同。议题的设置应当具有政治引导性，政治引导并非简单的宣传，而是要激发学生情感上的体验，让学生将知识内化，并转化为情感，最终形成政治认同。教师需要整合各类官方的政治素材，引导学生感受政策制度的合理性与优越性，激发学生坚定理想信念与政治自信，建立政治认同感。

立足实际案例，培养科学精神。教师需要引导学生在议题探究的过程中形成辩证的思维方式，掌握马克思主义的方法论，能够科学地认识世界与改造世界。议题的设置需要立足于时代特色与社会热点，创造思辨主题，设置两难情境，激发学生产生认知冲突，从而促进思辨能力的发展。

关注社会发展，培养法治精神。教师要学会挖掘真实的法律案件、社会道德规范中的典型素材，从案例中设置议题，启发学生对法律实施、规则规范制定等相关问题的思考，激发学生从真实的案例中获得价值观念的共鸣，引导学生形成学法尊法知法守法的意识。教师可通过议题式教学，设计丰富的教学活动，引导学生通过某个议题搜索相关案例，围绕议题主题，将自己感兴趣的时下热点案件与教师和同学进行分享与讨论，论述个人观点，形成法律意识。

依托社会实践，培养公众参与。社会参与是将思想政治学习中的理论知识付诸实践的重要过程。教师需要创造条件，带领学生积极参与民主选举、民主学生会等社会实践活动，

并将社会实践与议题设计相结合，引导学生以议题为主题，有目的性地进行社会参与，激发学生的社会责任感与主人翁意识，达到知行合一的效果。

（二）深挖教学问题，落实素养目标

围绕议题设置，培养核心素养。问题链设置紧密围绕议题的核心含义展开，培养学生的核心思维，引导学生积极展开课堂活动，激发学生的自主探索与深入学习。以议题为主题，具有足够的覆盖面与互动度，充分体现“链接”的作用，将问题情境与学生的现实生活相连接，使基础问题与高层次问题相连接，搭建学生高阶思维发展的桥梁，引导学生核心素养的形成。

序列化问题链，引导高阶思维。问题链的设置应当从低阶走向高阶，寻找学生思维的最近发展区，引导学生逐渐从解决简单的问题逐渐发展为解决复杂情境中的辩证性、反思性问题。问题的设置需要重视高阶思维的培养，设置思辨性问题，将问题落实在社会问题、重大决策、情感与价值观、知识等重难点问题之上。

优化情境设置，大背景与小情境结合。设置问题链需要以问题情境作为依托，问题情境需要尽可能拥有价值引领性、迁移应用性与价值适切性，避免出现逻辑性不足、体验性不足的教学情境。问题情境的设置需要依托于时代背景，体现出时代的新发展与新变化，根据社会经济发展的新形势与新方向，充分体现、关注科技进步的新成果与新命题，引导学生树立时代精神，形成政治认同，培养科学精神。问题情境的设置需要将宏观与微观相结合，既能够体现宏观背景与时代信念，同时又基于学生现实生活的活动场域，激发学生在与其相似的社会环境中，积极探索解决实际问题。①

（三）丰富活动内容，提升综合素养

多元化研讨方法，培养政治认同。新课标要求课堂教学需要将自主学习、合作学习、探究学习相结合，引导学生展开多种形式的研讨活动。教师可设置小型辩论会等活动来培养学生的思维能力、综合素质，学生需要前期通过自主学习来准备素材，在合作学习中明确自身在活动中的责任，相互分享观点，质疑与聆听，最终完成材料的整合和活动的准备。例如，在“中国特色社会主义进入新时代”的教学中，教师设置总议题为：谱写新篇章，并将杨浦区的发展情况作为案例进行导入，设置一系列子议题引导学生探索新征程中的变与不变，思考新征程篇章应当如何书写。教师引导学生展开小组式学习，引导学生探索一系列议题，学生通过研讨，整理客观现实的素材与理性的知识，在分享与交流过程中融入自身的感悟，形成政治认同。

---

① 张毅，郭家梁. 以议题式教学为路径，落实学科核心素养——以《传统文化的继承》一课为例[J]. 中学教学参考，2020(07)：50—51.

多样性案例探究，树立科学精神。教师需要通过议题的设置引导学生分析和解决现实生活中的问题，培养学生以科学、理性的思维解决问题，形成科学精神。教师通过多样化的教学案例探究，引导学生获得更为生动的体验。以案例式教学的形式，引导学生将科学的方法和理论转化为学习生活的指南。

真实性情境设置，培育法律意识。为学生创设真实的法律问题情境，设置模拟法庭、辩论等活动，在活动过程中设置议题，引导学生围绕议题展开实践性活动，让学生从实际出发，形成法律意识。

教师需要丰富案例设计，让学生在真实生动的情境中形成法律观念。例如，教师在"我们是怎样当家作主的?"这一课时议题中，让学生自主了解并展示全国两会相关情景，让学生在庄严的环境下，对制度与法律产生更深刻的理解，通过真实的情景了解党的领导、人民当家作主和依法治国的有机统一，结合课本中的知识完成该议题的探索并对法治社会有更深刻的体验。

多样性社会实践，培养公众参与。社会参与拥有多种途径，通过议题的设置可引导学生在实践中掌握知识与应用知识，形成思想与价值观念。例如在学习中国共产党相关内容时，将议题设置为"通过社会实践，感受共产党的领导"，学生通过多种途径参与社会实践，对纪念场馆进行参观、采访老人感受共产党领导下的社会变迁、整理资料观看影片并形成报告等。学生通过多种途径进行公共参与，展开社会实践活动，在实践中学习并感知，形成良好的公共素养。

综上所述，高中思想政治采用议题式教学带给学科核心素养落地更多可能性。议题式教学方式体现对学生主体的尊重，对思维能力提升的关注，对学科价值的思考。议题式教学有利于变革课堂教学模式，有利于高中思想政治课落实立德树人根本任务，培养符合时代要求的人才。

（本文作者：上海市同济中学　李秀明）

17. 基于自主学习的高中生物学虚拟资源库的构建与实践研究

摘要: 新《普通高中生物学标准》指出,高中生物学课程要让学生获得基础的生物学知识,也应让学生进行主动学习。本文依据教育部课程标准,并根据学生学习特点,寻找合适的信息化资源,通过教师筛选、编辑、整合,创设新型学习空间,让学生自主获得丰富多彩的学习资源,养成主动学习的良好习惯。

关键词: 虚拟资源库;教学资源;高中生物学;自主学习

一、生物学虚拟资源库建设背景

(一) 基础教育改革的需要

当今的中国正处于信息科技飞速发展的互联网时代,互联网成为人们学习、交流的主要平台,教育的平台仅依赖于课堂,已不能完全满足学生学习的需求,不利于提高学生的实践能力和自主学习能力,不利于全面提高其生物学核心素养。因此,教育的平台要逐步从课堂延伸到课后,从教室延伸到网络平台,从而更适应现代化教育的需要。2022 版新《普通高中生物学标准》指出,高中生物学课程要让学生获得基础的生物学知识,也应让学生进行主动学习。学校应创设一个虚拟资源库作为学习平台,让学生利用网络,在这个空间中自主获得丰富多彩的教育资源,从而受益。高中教师有必要根据学生学习特点,寻找合适的信息化资源,来为学生打造新的学习空间,助其养成主动学习的良好习惯。

(二) 学情的需要

生物学作为自然科学中的一门基础学科,与农业、医药、化学等科学密切相关,高中生物学已从微观和宏观两方面,即分子生物学和生态学两方面展示生物学的基本内容,反映自然科学的本质。然而，对于刚进入高中、有机化学知识全无的高一新生来说，学懂有机化学中复杂生物大分子的结构，理解这些大分子结构与其在生物体中发挥相关功能的关系，就显得较为困难。再加上高一生物学开设的课时一周仅一节，这么宝贵的一节课中既要学习化学知识又要理解生物学原理，对于高一学生的学情而言，理解这些基础知识显得困难重重。对于有求知欲的学生而言，求助于网络资源往往是他们主动学习、获取知识的主要途径。网络上的确也能找到大量的学习资料，但铺天盖地的信息资源往往存在优劣之分，不具备专业知识的学生往往无法辨别学习资源的科学性，同时，由于网络资源的丰富性，也导致学生花费过多的时间用于搜索学习资源，浪费宝贵的课余时间。因此，教师有必要对各种信息资源进行重新构建，打造适合高中学生自主学习的虚拟空间，一方面可用于复习巩固课堂相关知识，弥补课堂学习时间的不足；另一方面也为学生提供更多、更深入的资料进行学习，为学生创造学习时间和空间上的便利，减少学生在网上探索生物学未知世界的困难，提高学生学习的兴趣，从而进行更多的探索与实践。

二、高中生物学虚拟资源库的构建

下面以我校虚拟资源库为例，介绍校级生物学虚拟资源库构建的资料来源、资料种类及其作用。

（一）生物学虚拟资源库来源

我校生物学虚拟资源库，是以教材知识体系为框架、与教材同步的资源库，资源形式为生物学有关视频。视频资源与书籍、文献、PPT演示文件等其他资源相比，有其独特的优势：第一，内容丰富化。视频中有文本、图像、声音、动画等多媒体作为内容，相比专业的文字介绍，更容易刺激学生视觉、听觉感官，吸引学生进行较为深入的学习。第二，过程动态化。视频动画，可以使一些抽象的微观世界或生命过程呈现得更形象、生动，使生物学的微观世界具象化、情境化，有利于构建学生的形象思维，为其进一步的抽象思维创设条件。第三，使用便捷化。视频可以按照学生自己的学习进度进行观看，可反复播放，自主把握学习的节奏，达到时间利用的最大效益。

我校生物学科的视频资源来源丰富，主要有如下几种：

1. 上海微校的“空中课堂”

“空中课堂”始于2020年的网课期间由上海市生物学专家和优秀教师团队打造的优秀视频资源，是集体智慧的结晶，不论从课的结构，还是对学生核心素养的培养上来说，科学性、实用性都很强。

2. 各大网站网络视频

“哔哩哔哩”“优酷”等网站的视频资源中也有不少国内外做得比较好的科普视频。教师可以选取对教学有帮助的视频，或拓展生物学视野的科普视频等，鼓励学生进行自主学习。

3. 教师或学生自制视频

教师可以根据自己的教学需要，针对某些特定的内容，如重难点突破、习题分析等录制微课，方便学生在需要时对其进行学习。

教师布置给学生视频制作的作业，其中优秀的作品可以录用在视频资源库，以供其他学生学习参考或交流。

（二）生物学虚拟资源库视频种类及作用

我校生物学虚拟资源库的视频按教学需要，主要类型可以分为：教材配套网课视频、教材基础知识解析视频、活动或实验演示视频、学法指导视频、课外知识拓展视频、学生视频作业等几类视频。

1. 教材配套网课视频

这部分视频资源以上海微校的“空中课堂”剪辑的视频为主。“空中课堂”与上海现行教材完全同步，内容匹配度高。不过不同的学生接受能力有所差异，所以针对接受能力弱的学生，教师还可以将空中课堂的内容再次开发，挑选重点、难点，按照教学内容或学习任务切割成若干个短视频，并根据实际情况对原有的任务进行适当调整，再配套增加一定的学习任务单、评价表等资源，就可以形成新的微课资源，放在资源库供需要的学生学习使用。

学习任务的再设计，应符合学生心理发展规律和遵循认知发展的规律，使视频生动有趣，帮助能力较弱的学生搭建更容易攀登的阶梯，从而帮助他们建立自信，独立思考，帮助他们理解或解释生物学相关事件和现象，建立生命观念。

2. 教材基础知识解析视频

教材基础知识解析视频主要是针对微观的分子生物、生物化学等专业性强却十分抽象的生命现象、生化反应，用动画的形式来呈现，帮助学生理解微观世界的视频。如：氨基酸的脱水缩合、DNA 的复制、转录、翻译过程、光合作用过程、呼吸作用过程等。在一些视频网站有不少做工精良的视频，可以帮助学生直观地观察到生化反应过程，并理解其原理，从而加深印象。故利用好这些视频资源，教学效果会事半功倍。

3. 实验演示视频

高中生物学作为一门科学学科，是离不开实验支持的，然而在进行高中实验课时，却面临着多方面的问题。首先，对于实验操作方法的掌握程度，来自于不同初中的新高一学生不尽相同。其次，新教材中涉及多次使用分光光度计等操作要求比较高的实验设备，如果在课上进行器材使用方法的教学，会浪费大量的时间而导致探究实验来不及完成。因此，提前让学生进行预习，是十分必要的。教师可以拍摄一些标准的实验操作方法视频供学生进行预习，从而节省学生在课堂上学习实验操作的时间，使实验探究活动能顺利完成。

一些耗时比较长的演示实验，或比较成功的学生实验视频，教师都可以事先剪辑，放在资源库供大家学习或者复习使用。

4. 学法指导微课视频

高中生物学不论必修或选修，最终都面临合格考或等级考，如何用科学的思维方法认识问题、解决问题，教师除了在平时上课时要引导学生积极思考外，还可以将平时的一些案例做成微课，辅助学生进行思考，帮助他们学会利用生物学事实和证据，进行归纳与概括、演绎与推理，阐述生命现象。

5. 课外知识拓展视频

将所学的课堂知识转化为内在的生物学科核心素养，去认识世界、解决生活中遇到的生物学问题，实现"学以致用"，是生物学教育的主要目标之一。课外知识的拓展，能帮助学生加深理解生物学知识，并将所学知识运用于实际，对提高学生的生物学学科核心素养是十分有效的。如：这几年的疫情，让不少学生都对免疫接种、核酸检测、抗原检测的原理有了不少兴趣，在课后对生产这些疫苗的方法、抗原检测试剂盒的检测原理等关系自身健康的知识有了求知的欲望，常有学生来打听，因此，对于这些学有余力，或者对生命科学其他领域感兴趣的同学，教师搜集一些热点科普视频来解决他们的疑惑，是非常有必要的；另外，有些与生物学相关的社会现象的纪录片或新闻报道，如长江禁渔、海洋捕捞的禁渔期、全民接种疫苗等社会热点，这些视频能引发学生思考，参与讨论，并作出理性解释，以提高其社会责任感；近些年诺贝尔生理学奖也与人们的健康、生物工程的发展越来越相关，也可以让有兴趣的学生去观看诺贝尔奖的科普视频，尝试用自己已有的生物学知识读懂诺贝尔奖的研究，走进最新的生物科学研究领域去一探究竟。

6. 学生视频作业

随着电脑、手机的普及，教师可以利用微信、QQ 等网络交流工具对学生的学习状况进行评价。这些由电子设备陪伴长大的学生都有一定制作视频的能力，所以视频作业可以成为一种新的作业形式。如为了让学生体验发酵工程的过程与原理的学习，让学生拍摄、剪辑利用家中工具进行酸奶制作的视频，学生摩拳擦掌、跃跃欲试，在视频作业上主动参与的意愿非常强烈。视频作业不仅要求学生本人是"剧本"的制作者，需要深刻理解生物学原理，还能体现学生较好表述能力、独特的创意、拍摄构图、较好的视频后期制作等综合性能力等，可以全面提高学生的跨学科素养，使综合能力得到各方面的提高。

除用于教师对学生的学习进行评价，优秀的学生视频作业可以被选入视频资源库展示，用于与其他同学进行学习和交流，形成良好的学习氛围。

（三）生物学虚拟资源库的框架

为了方便学生进入虚拟资源库进行检索，生物学视频资源分三个一级目录："课内同步资源""课外拓展资源"和"我们的微视频"。（图 1）

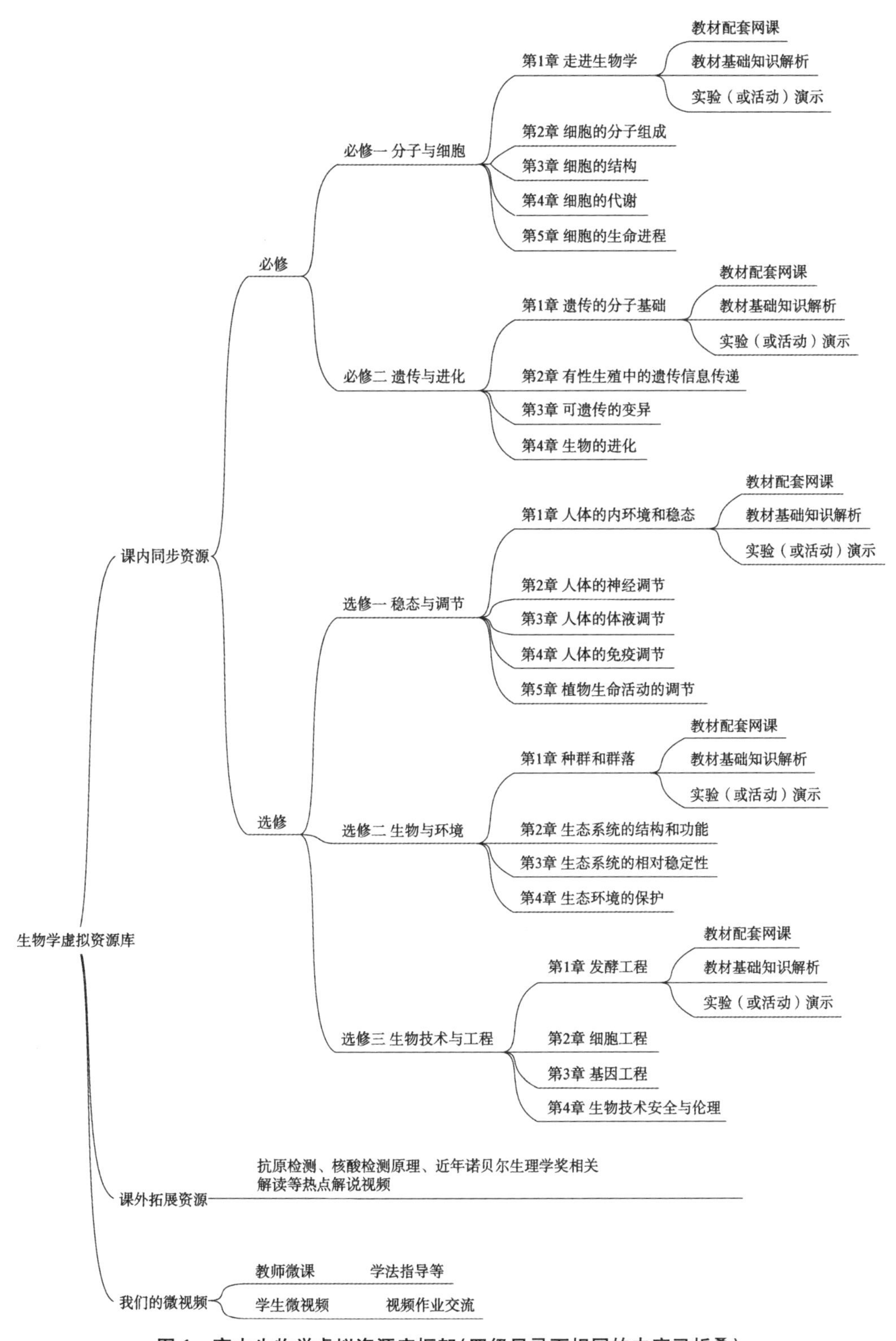

图1　高中生物学虚拟资源库框架(四级目录下相同的内容已折叠)

1. “课内同步资源”

根据教学和学习需要，我校生物学虚拟资源库的课内资源主要按上海科技出版社出版的普通高中《生物学》教材的顺序来进行编排，分为“必修”和“选修”两个二级目录。每个目录下按每册教材分三级目录，每册教材中的章节为四级目录，四级目录（每一章）中都会有三个板块：“教材配套网课”“教材基础知识解析视频”“实验（或活动）演示”三种视频资源，方便学生对教材同步内容进行学习巩固。

2. “课外拓展资源”

课外拓展资源单独成为一个一级目录，方便有兴趣的同学前去猎奇，拓宽视野。

3. “我们的微视频”

“我们的微视频”分两个二级目录，一个为“教师微课”，主要为一些学法指导的微课；另一个为“学生微视频”，集中一些制作精良的学生视频供大家学习，达到促进提高的目的。

三、高中生物学虚拟资源库的使用案例

下面以我校关于“必修二第二章第一节有性生殖中遗传信息通过配子传递给后代”的作业设计为例，介绍虚拟资源库用于学生进行自主学习并完成相关作业的教学过程。

（一）设计依据

根据《普通高中生物学课程标准》，必修二第二章第一节“有性生殖中遗传信息通过配子传递给子代”的学习目标包括：(1)概述减数分裂不同时期的染色体变化。(2)阐明在有性生殖过程中，减数分裂产生染色体数目减半的雌雄配子，受精作用使子代体细胞的染色体数目与亲代保持一致。(3)说明减数分裂过程中，基因随染色体分配到子细胞，从而通过配子将遗传信息传递给子代。

本节内容比较微观，涉及DNA数量与染色体行为变化的关系、同源染色体概念的辨析及其行为对减数分裂的意义、姐妹染色单体的分配规律，而教材提供的图文对于初学者而言是存在一定困难的，常有学生为不能理解每张减数分裂时期图的前后关系而头疼不已，虽然上课也看过相关视频，但是因为当时知识不熟悉、不能充分理解，往往会导致学生前学后忘。教师布置的任务不能只限于书面练习，简单的识记也不易内化为学生的学科素养。故通过激励学生用自创材料制作减数分裂视频的任务来促进他们主动学习，同时用虚拟资源库来为他们提供相关学习资料的支持。

本节学习目标(3)要求学生能利用模型模拟减数分裂过程中染色体的变化，并发现减数分裂过程中基因随染色体分配到子细胞。教师指导学生在课后利用虚拟资源库的平台，先进行课堂知识的巩固，在学习之后能利用身边适合的材料，构建减数分裂过程的模型，并拍摄下来，形成视频在班级进行汇报。视频作业“剧本”完全由学生自己来完成，这需要学生深

刻理解减数分裂每一步过程的意义，才能做到视频的科学性。同时，配音、字幕、摄影等技术的运用，还能体现学生的表述能力、独特的创意、良好的审美、动手制作模型的能力、视频后期制作等综合性能力。

（二）学习任务及评价

教师下发课后作业如下：

“观看‘课内同步资源/必修/必修二/遗传与进化/第二章/第一节/教材基础知识动画解析’下相关目录视频：

1. 减数第一次分裂视频（剪辑于“空中课堂”）
2. 减数第二次分裂视频（剪辑于“空中课堂”）
3. 减数分裂模式动画
4. 精子和卵子的产生动画（剪辑于哔哩哔哩网站动画）

结合所学内容，利用身边适合表达减数分裂过程染色体行为的材料（小牙签、笔或你认为更合适的材料等），模拟减数分裂染色体在各时期的行为，每个时期的染色体行为必须有讲解和文字说明，拍成视频或做成微格动画。期待你的作品。”

为了便于学生理解课堂知识，教师提供了虚拟资源库中相关动画视频给学生进行观摩学习，学习后学生对减数分裂过程进行模型构建，以视频拍摄或微格动画等连续的方式展现细胞减数分裂的过程，并完成视频的后期字幕、配音等制作。在学生完成学习任务后，教师对上交视频进行审核、评价，并组织学生进行组内互评、组间互评，通过学生交流、评价并提出修改意见，学生按所提的意见对视频进行修改后，上传到虚拟资源库的“学生微视频”目录下，供以后更多的人进行学习。

通过实践发现，虽然学生的学习情况及视频制作能力有所差异，但是总体都对这种类型的任务感到新奇，在课余时间会深入资源库学习并最终都提交了亲自制作的视频作业，学生自己寻找适合的材料制作模型，在拍摄过程中能充分发现问题、解决问题，整个学习过程中不仅提升了生物学学科素养，更提高了美工、摄影摄像、模型制作、视频制作、配音等多种跨学科素养，其中不乏很有创意想法的作品。可见，精心设计作业，用任务引导、驱动学生利用虚拟资源库的材料进行自主学习，形成良好的学习动力是切实可行的。

四、研究反思

通过实践发现，同学们对于教师安排的通过资源库进行自主学习的任务存在一定的新鲜感和好奇心，这是他们愿意尝试自主学习的初动力。然而在自主学习的过程中面临各种困难时，支持他们继续下去的动力也十分重要，如团队的合作与支持、教师的及时帮助与支持、硬件环境的支持、家长的支持等等，都是学生完成自主学习的有效保障，一旦失去这些条件支持，可能学生坚持下去的信心就会减弱，故完善“家—校—社”一体化学习环境对于建立学生自主学习是十分必要的。

虚拟资源库虽使用方便，但是学生能充分自主学习的时间是有限的。一方面来自于课业繁忙。另一方面，开放性的学习任务本身是比较耗时的，所以教师们安排开放性的学习任务需要注意留给学生充分的时间。

课堂曾经是学生学习的主要阵地，但不是学生自主学习的主要空间，它存在时间和空间的限制，不够大，不够开放，不能满足学生时刻存在的求知欲驱动的自主学习。教师参与构筑开放、情境化的虚拟空间资源库，与学生的学情高度匹配，有利于助力他们自主学习的开展，可以方便学生不受时空限制进行自主探究，配合校内外各种硬件设施的支持，让他们多维度体验生物学学科的魅力，最终实现学科核心素养及跨学科素养的提高。随着科学的发展，教师应在原有的基础上不断丰富虚拟资源库，不仅为学生创设自主学习的平台，还有利于教师的随时取用资源作为教学支持，相信未来的生物学虚拟资源库可以得到广泛使用，从而提高“教”与“学”的效率，使师生都得益。

（本文作者：上海市中原中学　张念恩）

18. 基于真实情境的地理教学设计

——以“大气的组成和垂直分层”为例

摘要：新课标提出地理学科要落实学生的人地协调观、综合思维、区域认知和地理实践力四大核心素养，地理又是一门与现实世界息息相关的科学，因此基于真实情境进行地理教学设计：制定落实地理素养的学习目标，创设结合真实问题的学习情境，设计激发地理实践力的学习任务，开展考查地理素养的学习评价，有助于学生更好地习得并运用知识，形成正确的价值观念、必备品格和关键能力。

关键字：真实情境；地理教学；核心素养

《普通高中地理课程标准(2017 年版)》提出，让学生在自然和社会的大课堂中学习对其终身发展有用的地理。[①] 基于真实情境开展地理教学，引领学生通过探究真实情境事件的发生发展过程，在学习过程中通过观察、思辨、讨论、查阅资料等方法深入学习过程，学会发现问题、思考问题、解决问题，能够更好地培养学生的地理核心素养，实现地理学科育人价值。

一、制定落实地理素养的学习目标

学科核心素养是学科育人价值的集中体现，是学生通过学科学习逐步形成的正确价值观、必备品格和关键能力。地理学科核心素养包括人地协调观、综合思维、区域认知和地理实践力。高中地理课程的总目标是通过地理学科核心素养的培养，从地理教育的角度落实立德树人的根本任务。[②] 因此在情境设计、单元整合之前，教师要先明确基于核心素养的学习目标。

首先对新老课标做对比(表 1)：

---

① 中华人民共和国教育部. 普通高中地理课程标准(2017 年版)[S]. 北京：人民教育出版社，2018.

② 中华人民共和国教育部. 普通高中地理课程标准(2017 年版)[S]. 北京：人民教育出版社，2018.

表 1 “大气的组成和垂直分层”新老课标对比

<table>
<tr><th>2017 版课程标准(新课标)</th><th>学科基本要求(老课标)</th></tr>
<tr><td rowspan="3">运用图表等资料,说明大气的组成和垂直分层,及其与生产和生活的联系。</td><td>识记大气的物质组成;</td></tr>
<tr><td>识记大气的垂直分层;</td></tr>
<tr><td>理解对流层、平流层的主要特征。</td></tr>
</table>

然后基于对新老课标差异的理解制定落实地理素养的学习目标。对比新老课标有助于教师明确学习任务,抓住学习重点,避免教学惯性。通过对比发现,相较于老课标,新课标更加注重核心素养的落实。例如在学习内容上更强调理解大气特征与人类生产、生活的关系,即更关注正确的人地协调观的培养;在学习方法上更强调学生的学习主体性和运用材料解决实际问题的能力培养,即综合思维和地理实践力。基于本案例制订了如下学习目标(表2),以更好地落实地理核心素养:

表 2 “大气的组成和垂直分层”学习目标

<table>
<tr><th>核心素养</th><th>学业要求</th><th>学习目标</th></tr>
<tr><td rowspan="2">人地协调观</td><td>理解大气对环境的影响,养成保护大气环境的必备品质。</td><td rowspan="3">1. 运用“干洁空气体积分数示意图”和“大气的垂直分层示意图”,说明大气的组成和垂直分层。
2. 以二氧化碳比重变化对全球粮食安全的影响为例,通过辩论的形式从空间角度理解人类活动与大气及其他自然环境之间的关系。
3. 结合生活中常见的大气现象,说明大气对人类活动的影响。
4. 探究雾霾现象的成因及危害,提出措施,增强保护大气环境的意识。</td></tr>
<tr><td>辩证地看待自然环境与人类活动之间的关系。</td></tr>
<tr><td rowspan="2">综合思维</td><td>结合生产生活案例,从时空的角度,对大气与人类活动相互作用进行地域性解释,具备提出大气环境措施的能力。</td></tr>
<tr><td>从时间尺度说出大气成分的变化。</td><td>5. 以二氧化碳比重变化为例,通过辩论的形式理解不同时间尺度下大气成分的变化。</td></tr>
<tr><td>区域认知</td><td>能将对流层高度的差异置于不同纬度地区进行认识。</td><td>6. 探究上海高云族出现海拔最高的季节,理解不同纬度对流层高度的差异。</td></tr>
<tr><td>地理实践力</td><td>通过野外观察,识别各种类型的云。</td><td>7. 拍摄云的照片,识别各种类型的云。</td></tr>
</table>

二、创设结合真实问题的学习情境

《地理教育国际宪章》指出,学习地理可帮助青少年理解并欣赏地方和景观是怎样形成的、人类和环境是如何相互作用的、日常空间决策所引发的影响,以及地球上多样且相互联系的文化和社会“马赛克”。[①]《普通高中地理课程标准(2017年版)》也指出，地理学是研究地理环境以及人类活动与地理环境关系的学科，要根据学生地理学科核心素养形成过程的特点，充分利用地理信息技术，营造直观、实时、生动的地理教学环境。[②] 因此，在基于核心素养的学习目标导向下，先通读教材梳理知识，再选择相关主题进行教材重组、单元整合，并创设结合真实问题的学习情境展开教学活动，使教学贴近学生生活，激发学生学习兴趣。

例如梳理“大气的组成和垂直分层”知识如表3所示：

表3 “大气的组成和垂直分层”主要知识点

<table>
<tr><td rowspan="4">自然地理要素</td><td rowspan="2">大气的组成</td><td>成分名称及不同成分的占比</td></tr>
<tr><td>组成成分的作用</td></tr>
<tr><td rowspan="2">大气的垂直分层</td><td>各层的名称</td></tr>
<tr><td>各层的特征(气温垂直变化特点、气流运动状况、物理特性等)</td></tr>
<tr><td colspan="2">人地关系</td><td>结合组成成分的作用和各层的特点理解</td></tr>
</table>

为了更好地引导学生理解大气组成和垂直分层与人类生产生活的关系，创设真实情境，在通读教材的基础之上，教师又引入必修二主题十三“人类面临的主要环境问题”中关于全球变暖和大气污染的内容以及必修一导言中“地理信息技术的应用”两部分内容，设计了大气环境、地理信息技术、环境问题与可持续发展三个主题内容的单元整合。最终以“云的前世今生”为学习情境，通过拍云、识云、微小颗粒变形记三个环节(表4)，引导学生通过探究云的形成、发展认识大气的组成和垂直分层及其与生产和生活的联系，落实地理学科核心素养。

表4 “大气的组成和垂直分层”学习情境设计

<table>
<tr><td>学习情境</td><td colspan="3">云的前世今生</td></tr>
<tr><td>情境说明</td><td colspan="3">暑假的天空精彩纷呈，各种形态的云争相渲染天空，云是由什么物质组成的？为什么会有不同形态的云？它们的成因有何不同？组成云的物质还能组成什么？相信学生在沉浸于夏季美丽天空的同时也会有这些疑问，把这些问题按照事物发生发展的规律形成问题链，创设探究云的前世今生的学习情境。</td></tr>
<tr><td>环节</td><td>拍云</td><td>识云</td><td>微小颗粒变形记</td></tr>
<tr><td>学习活动</td><td>课前组织学生拍摄两周天空照片，借助天气查询APP记录相应日期、天气、气温、气压、风力、风向、空气质量等气象信息。云的照片为第二环节观天识云提供资料。记录的气象资料为第三环节探究气象要素与雾霾的关系提供资料。</td><td>分为两课时。第一课时通过云的物质组成了解大气的物质组成，通过云的瞬息万变探究大气成分比重的变化。第二课时通过不同高度的云的成因认识大气的垂直分层。</td><td>通过微小颗粒形成的雾霾现象理解人地关系。</td></tr>
</table>

① IGU-CGE. 地理教育国际宪章2016[J]. 冯以浤，译. 地理学报，1993，48(4)：289—296.

② 中华人民共和国教育部. 普通高中地理课程标准(2017年版)[S]. 北京：人民教育出版社，2018.

三、设计激发地理实践力的学习任务

真实情境的创设有助于激发学生学习热情，但要学生持续地、自主地、全身心地投入情境进行深度学习，还需要科学设计地理教学过程，让学生成为学习的主体，引导学生通过自主、合作、探究等学习方式，在自然、社会等真实情境中开展丰富多样的地理实践活动①，如通过实地考察、查找资料、样本采集、实验等方法解决地理问题。教师可以设计一系列环环相扣的学习任务，学习任务的难度应设定在学生的最近发展区，吸引学生进行知识闯关，通过完成一个个学习任务进行深度学习，习得知识并运用知识解决实际问题，如表5。

表5 "大气的组成和垂直分层"学生学习任务

主题	课时	内容	学习任务	设计意图
云的前世今生	第一课时：前世，我从哪里来？	大气的组成	1. 探究云的物质组成。	引出水汽和微小颗粒的来源及作用，从而导入大气的组成的学习。
			2. 运用"干洁空气体积分数示意图"，说明干洁空气的组成。	培养学生运用图表获取地理信息的能力。
			3. 以二氧化碳比重变化为例，通过辩论的形式理解不同时间尺度下大气成分的变化。	人类活动是目前导致二氧化碳比重变化的重要原因，未来二氧化碳比重变化趋势要在不同的时间尺度下进行认识。培养学生思辨能力和综合思维，树立正确的人地协调观，懂得人与自然和谐共生的道理。
			4. 以二氧化碳比重变化对全球粮食安全的影响为例，通过辩论的形式从空间角度理解人类活动与大气及其他自然环境之间的关系。	二氧化碳含量增加加剧全球变暖，使高纬度地区气温上升、降水增加，水热条件更利于农作物生长。与此同时，中纬度内陆地区更加干旱，草原荒漠面积进一步扩大；中低纬度沿海地区强对流灾害天气发生频率增加，影响粮食生产。培养学生从时空角度分析地理问题、辩证看待地理问题的综合思维，理解地理环境是一个整体，与人类生存息息相关，树立正确的人地协调观。
	第二课时：今生，千姿百态的云	大气的垂直分层	1. 识别各种类型的云。	培养学生观察真实地理现象并作出判断的地理实践力和审美能力。
			2. 比较对流层低云族、中云族、高云族外表形态、水汽状态的区别，并利用"大气垂直分层示意图"分析原因。	随高度上升，云的外表形态从团状到层状到纤维状，水汽状态从水滴到雪晶到冰晶，说明对流层气温随高度增加而降低，水汽和微小颗粒含量减少。培养学生通过观察和分析材料解决地理问题的能力。

① 中华人民共和国教育部. 普通高中地理课程标准(2017年版)[S]. 北京：人民教育出版社，2018.

续 表

主题	课时	内容	学习任务	设计意图
			3. 探究上海高云族高度的季节差异。	通过对流层高度的时间差异理解对流层高度的纬度差异。培养学生的时空观念。
			4. 根据“大气垂直分层”示意图，判断珠母云的位置。	培养学生运用图表获取地理信息的能力，理解平流层气温随高度增加而升高，底部气温低易成云。
			5. 分析中间层出现夜光云的原因。	理解中间层几乎没有吸收紫外线的臭氧，气温随高度增加而降低，气温很低水汽冷凝形成夜光云。
			6. 结合生活中常见的大气现象，说明大气对人类活动的影响。	学习生活中的地理，学会运用地理知识解决实际问题。
	第三课时：微小颗粒变形记	人地关系	1. 运用雾霾遥感图像，描述雾霾时空分布特征，理解遥感监测的优势。	培养学生区域认知，深化地理信息技术应用。
			2. 分析课前记录的气象数据，查找资料，针对雾霾的成因、危害、措施撰写 300 字左右的小论文，进行课堂交流。	培养学生记录、查找、分析、处理地理信息的能力，以及从多角度分析问题的综合思维，并能提出有创造性的、可行有效的应对措施，在研究过程中培养克服困难的勇气，树立正确的人地协调观，懂得人与自然和谐共生的道理。

这一系列学习任务的设计是基于云的形成发展演化过程，符合真实地理现象的一般规律，学习的是对生活有用的地理；将大问题分解为一个个可操作的小问题，学生更容易操作完成，并在任务完成的过程中获得成就感，从而成为持续学习的动力；学习任务形式多样，观察拍照、读图分析、辩论、探究、查找文献、论文撰写，多样的学习任务形式给学生足够的新鲜感，并且培养了学生的综合思维、地理实践力等学科核心素养；多样的学习任务还调动了学生的学习积极性，需要学生亲自操作实践，有助于学生全身心投入，有助于实现深度学习，培养地理实践力。

四、开展考查地理素养的学习评价

学习评价应该更多关注考查学生的地理素养，包括学习过程和学习成果，进行纵向和横向的综合比较，不同的学习活动可以设计不同的评价表单，避免单一的片面性考查，更关注学生综合思维的养成和深度学习的参与度，让学生运用本课时所学知识和原理去解释真实世界、解决真实问题，以真正测评学生的地理学科核心素养水平。[①] 例如本案例第三课时微

① 王志军. 基于真实情境的地理课堂教学设计研究[J]. 中学地理教学参考，2021(19)：48—52.

小颗粒变形记——雾霾的学习成果进行评价时设计了如下评价表(表 6、表 7)：

表 6 表现性评价表

等级	表现性评价		
	数据记录	论文撰写	交流展示
优秀	字迹端正,数据完整,每天坚持记录,同一气象要素标注统一单位。	字数达标,内容原创,包括成因、危害、措施三方面。	仪态大方,吐字清晰,表达流畅,逻辑严谨。
良好	字迹端正,数据完整,每天坚持记录,个别气象要素没有标注统一单位。	字数达标,内容基本原创,包括成因、危害、措施三方面。	仪态大方,吐字较为清楚,表达偶有中断,逻辑较为严谨。
合格	字迹比较端正,数据基本完整,每天坚持记录,缺失单位。	字数达标,内容引用为主,包括成因、危害、措施三方面。	举止紧张,表达多次中断,个别阐述没有逻辑,但能完成交流展示。
不合格	字迹潦草,数据缺失严重,不能坚持每天记录,缺失单位。	字数不达标,内容无原创,仅有成因、危害、措施任意一到两方面。	不能完成交流展示。

表 7 思维结构评价表

等级	思维结构评价		
	成因	危害	措施
无结构	不能正确分析雾霾的成因。	不能正确分析雾霾的危害。	不能提出有效的缓解雾霾的措施。
单点结构	能够从自然(气温、气压、降水、风向、风速等)或人类活动其中一个角度正确分析雾霾的成因。	能够从经济、社会、生态其中一个角度正确分析雾霾的危害。	能够从生态、工程、经济措施其中一个角度提出有效的缓解雾霾的措施。
多点结构	能够从自然(气温、气压、降水、风向、风速等)和人类活动两个角度正确分析雾霾的成因,但是要素之间没有关联。	能够从经济、社会、生态中至少两个角度正确分析雾霾的危害,但是要素之间没有关联。	能够从生态、工程、经济措施中至少两个角度提出有效缓解雾霾的措施。但是要素之间没有关联。
关联结构	能够从自然(气温、气压、降水、风向、风速等)和人类活动两个角度正确分析雾霾的成因,且要素之间有关联。	能够从经济、社会、生态中至少两个角度正确分析雾霾的危害,且要素之间有关联。	能够从生态、工程、经济措施中至少两个角度提出有效的缓解雾霾的措施。且要素之间有关联。

表现性评价是对学生在真实情境中完成某项任务表现出的语言、文字、创造和实践能力的评定,也指对学生在具体的学习过程中所表现出的学习态度、努力程度以及问题解决能力的评定。在开展表现性评价的过程中可以建立学生成长档案,详细记录学生能力培养和素养形成的路径轨迹,让表现性评价成为一种能真实反映学生在实践中解决问题、合作交流和

批判性思考等多种复杂能力方面的最佳评价。①

思维结构评价关注学生地理学习中表现出来的思维结构的个体差异，有助于教师把握不同学生的学习状态，使后续的教学设计能够更有针对性地促进学生地理学科核心素养的养成。思维结构评价可改进以往单纯以知识点为评判标准的不足，从而关注学生的思维结构，并使教师在后续的教学中能够针对存在的问题给予有针对性的、个性化的指导。②

同时两张评价表单分别从学生学习活动的参与度和态度以及思维结构的完整性进行多方位评价，避免了单一的结果性评价，能够更好地考查学生的地理素养。

综上所述，基于真实情境的地理课堂教学通过真实情境的创设激发学生学习兴趣，使课本知识与学生生活密切结合；通过一系列形式多样的学习活动的设计，引导学生全身心投入学习过程，进行深度学习；通过过程性评价与终结性评价相结合的评价体系，全面客观评价学生学习程度，帮助教师及时给予针对性指导。基于真实情境的地理课堂教学，缓解了新教材知识体量大与课时数有限的矛盾，通过情境探究将课堂的主导权交给学生，最终培养学生的综合思维、区域认知，落实地理实践力，树立学生正确的人地协调观。但是在实际教学操作过程中，情境的创设需要教师多关注生活、多钻研教材、多学习前沿知识，也需要教师真正放手舍得“浪费”课时让学生通过一系列学习活动习得知识，真正做到深度学习，最终学会学习的方法而不仅是知识本身，落实核心素养，实现地理学科育人价值。

（本文作者：上海财经大学附属中学　吴世佳）

① 中华人民共和国教育部. 普通高中地理课程标准(2017年版)[S]. 北京：人民教育出版社，2018.
② 中华人民共和国教育部. 普通高中地理课程标准(2017年版)[S]. 北京：人民教育出版社，2018.

19. 指向地理实践力培养的高中地理单元教学设计

——以“大气受热过程与运动”为例

摘要:本文依据“创智课堂”中生成素养型的学习目标、践行多样化的学习方式以及整合多样化的学习环境等要求,基于学校自建的气象园,选择了沪教版高中地理必修一中的“大气受热过程与运动”内容,在新创设的情境中重构了单元教学设计,并进行了表现性评价,以落实对学生地理实践力的培养。

关键词:地理实践力;单元教学设计;校园气象活动;大气受热过程;大气运动

一、前言

2020年以来,随着高中“双新”实施的全面扎实推进,逐渐促使教师基于学科核心素养进行学习、教学方式以及学习环境等方面的革新,打造“创智课堂”。就地理学科的四大核心素养来说,以指向地理实践力培养的探索最为突出。所谓地理实践力,是指人们在考察、实验和调查等地理实践活动中所具备的意志品质和行动能力[①]。考察、实验、调查是地理学重要的研究方法,也是地理课程重要的学习方式,过去由于受到教学理念、设备场地及评价方法等限制,这些实践活动并没有在高中地理教学真正落地,也就无法培养出相应的意志品质和行动能力。而现在新教材中的各种实践活动,包括主题中的各种活动专栏,以及单元后的综合实践活动,都在引导教师践行地理实践力的培养。

与此同时,在传统教学中,教学内容往往由课时内的单一知识点组合而成,导致教师经常用碎片化的方式教授知识,很多东西都是固化预设,学生获得的知识偏零散,知识框架建构能力不强,课堂上生成的内容很少,所以探究问题和解决生活实际问题的能力偏弱[②],而单

---

① 中华人民共和国教育部.普通高中地理课程标准(2017年版)[S].北京:人民教育出版社,2018.

② 陶晓静.基于地理实践力素养培养的大单元教学设计——以人教版必修一第五章“植被和土壤”为例[J].安徽教育科研,2022(35):110—113.

元教学设计是依据主题、单元甚至跨单元的内容进行整体性架构和知识点梳理①，以应对更真实、复杂和生活化的问题，这与培养地理实践力的理念是完全契合的，所以笔者希望通过对单元教学设计的研究和实践，促进学生有兴趣且有深度地学习，从而在提高课堂效率和教学效果的基础上，达成培养地理实践力的目标。

二、单元教学设计内容选择的依据

气象活动属于比较传统的地理实践活动，老教材中就占有较多的篇幅，“双新”推进之后，对于开展此类活动的要求更有所加强，展现出其在培养地理实践力上历久弥新的价值。我校的气象园颇具规模，设备种类也很齐全，能体现出气象科技的发展历史。因此笔者选择了与之密切相关的沪教版必修一第二单元主题五“大气的受热过程与运动”，作为单元教学设计的内容，下面就以“创智课堂”中的三个核心要素阐述选择该部分内容的依据。

（一）在教学创新中生成素养型的学习目标

“创智课堂”要求教师在教学创新中生成素养型的学习目标，以体现学习目标与学科核心素养的对接。该主题对应的课标为“运用示意图等，说明大气受热过程与热力环流原理，并解释相关现象”。大气受热过程和运动示意图的绘制，要建立在对气温、地温、太阳辐射、气压、风速、风向等多种气象数据观测的基础上，它们可以快速帮助学生理解相关原理，但如果只使用示意图，缺乏对各种真实气象数据的获取、整理、展示和解读的话，学生对相关原理的认识和理解就比较肤浅和片面，更别提在长期观测和对数据提炼过程中培养出的意志品质和行动能力了②。所以气象园可以为学生搭建一个开展大气探究活动的平台，让他们真正拥有一双洞察风云变幻的慧眼，从而体现学习目标与地理实践力的对接。

（二）在学习创新中践行多样化的学习方式

依据在教学创新中生成的素养型的学习目标，教师可以指导学生应用探究式、项目化和问题本位等方式进行学习。针对“大气的受热过程与运动”这一主题内容，围绕我校气象园提供的丰富资源，教师可以设计一系列探究式的问题和任务供学生学习，例如“气象园中的百叶箱外观有什么特征，它的设计原理又是什么”“一般一天中太阳辐射最强的都是在中午，为什么最热的却往往在午后两点左右”“如果只考虑空气质量的话，一般在早晨什么时间锻炼比较合适”“为什么上海冬季常吹干冷的西北风，夏季又盛行暖湿的东南风”

① 母情柔，林惠花. 指向学科核心素养的“地球上的大气”单元设计研究[J]. 中学地理教学参考，2022(08)：60—63.
② 谢碧君. 培养学生地理实践力的气象教学研究[D]. 广州大学，2019.

“台风为什么会给上海带来狂风暴雨，魔都真的有‘结界’吗”。这些能让学生从日常生活中观察、回忆、感受的问题，不仅可以极大地激发学习兴趣，而且非常适合教师设计成不同的学习活动，引导学生进入涉及原理的深度学习，从而通过多样化的学习方式达到学习创新。

（三）在学习环境创新中整合多样化的学习环境

图1　学生参与气象实践活动

多样化的学习方式不仅依赖于素养导向的教学设计，还要求教师整合多样化的学习环境来提供支撑。除了传统课堂环境，还需要借助家庭、科技馆、博物馆、实地场景等非正式学习环境来开展学习活动。气象园不单是众多气象设备的集合体，还是一个有别于传统课堂的非正式学习环境，所有仪器的选择和组合都是根据教学内容和认知规律精心设计的，比如在学习“大气受热过程”时，就可以通过认识传统百叶箱的外观来学习相关原理，再应用原理分析自动百叶箱获取的相关数据，来解释生活中的诸多现象。这样既发挥了传统设备在锻炼动手能力、毅力以及责任心上的价值，又利用了自动设备获取观测数据的强大能力，不仅共同为完成指向地理实践力的教学目标助力，还可以让气象园成为一个展示气象发展历史的场所，从而吸引更多学生投身这个充满学科魅力的学习环境中。

图2　学生设计并绘制的气象园宣传海报

三、素养导向的单元教学设计案例

依据地理实践力的培养过程，笔者对沪教版必修一第二单元主题五“大气的受热过程与运动”进行了单元教学设计，以下为整体的设计思路。

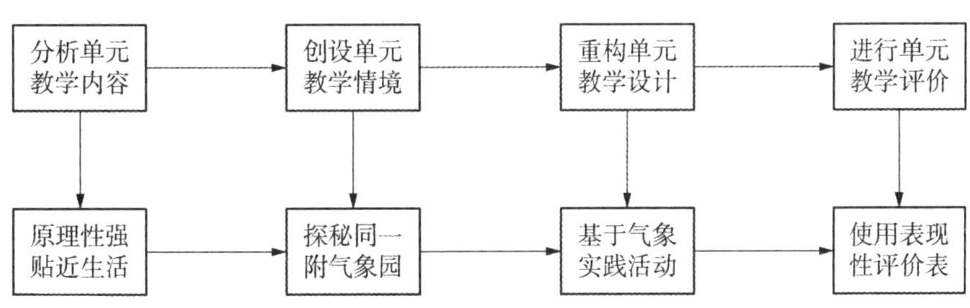

图3 “大气的受热过程与运动”单元教学设计思路

（一）分析单元教学内容

此单元设计围绕“大气受热过程与运动”这一主题展开：大气受热过程其实是大气热量的收支过程，教材通过分析太阳辐射、地面辐射和大气辐射三者的互相转换，结合生活实例说明大气对太阳辐射的削弱作用和对地面的保温作用；对于大气运动最常见的形式——热力环流，教材是通过分析海陆风、山谷风、城市风来进行原理阐述和知识迁移，而作为最典型的大气水平运动——风，教材则通过水平气压梯度力、地转偏向力和摩擦力三者的受力分析，来说明风向和风速产生差异的原因①。

总体来说，由于只包括一个主题，该单元教学内容并不算多，但其原理性较强，对概念理解要求高，除地理学以外，还和物理、化学等学科关系密切，也与生活紧密联系，因此可结合我校气象园的实际情况，对教材中的实践活动进行重新设计，然后通过这些活动的实施，培养学生的地理实践力素养。

（二）创设单元教学情境

单元教学设计强调不同课时知识点间的整体性联系，所以往往需要一条线索贯穿始终。我校气象园具有该单元教学所需的所有场景和设备，如果带学生进行现场考察、操作和记录的话，无疑能更加充分地培养实践能力，但这样比较耗时，所以笔者创设了“探秘同一附气象园”的情境串联起整个单元，课前指导参与拓展课程的同学结合日常生活场景，拍摄介绍气象园设备原理和功能的短视频，称为“气象小剧场”，然后再设计学习任务驱动学生，这样在

① 孟凡旺，李安强，许贝贝.“探秘地球的大气”单元主题学习活动[J].地理教育，2020(11)：21—29.

做好铺垫的同时，也让学生更有身临其境的感觉，激发探究兴趣。

再者，课堂中对气象数据的解读也要花费大量的时间，因此笔者根据教学需要，对原始数据进行了提炼和加工，使用更加方便判读的统计图来呈现。这样一来，一方面可以对学生分析问题的思路进行引导，从而提升了课堂教学效能，另一方面也锻炼了他们的读图能力，并培养对原始信息进行处理的意识。

（三）重构单元教学设计

通过对单元教学内容的分析，以“探秘同一附气象园”这一情境线索作为串联，可以把整个单元划分为两个课时，分别以“气象百叶箱的秘密”和“风速风向仪的秘密”为课题名称，对应“大气受热过程”和“大气运动”两部分内容，通过基于气象园的实践活动重构教学设计，具体如下：

表 1　第 1 课时“气象百叶箱的秘密”教学设计

教学环节	教学活动	设计意图
引入新课	展示气象园的建设历程以及气象课程的开展情况，询问学生对气象的认识，引入新课	使学生意识到自己也能成为气象研究者，激发探究欲望
通过分析百叶箱的外观学习大气受热过程原理	让学生观看百叶箱的图片和气象小剧场 1(传统百叶箱外观介绍)，说出其最显著的特征，从中总结一些与大气受热过程有关的名词	使学生进入认识百叶箱的情境，借此引出大气受热过程原理的学习
	展示大气受热过程示意图，通过让学生借此辨析不同辐射的名称、波长以及去向，学习大气受热过程原理，再解释百叶箱的设计原理	将情境和原理相结合，通过验证原理为之后的学习任务做好铺垫
通过探究百叶箱的功能应用大气受热过程原理	让学生观看气象小剧场 2(传统和自动百叶箱的功能介绍)，了解自动仪器的强大功能，展示其所记录的某日气温、地温和太阳辐射变化图，引导学生总结规律，再运用大气受热过程原理，探究最高气温出现的规律和原因	从传统百叶箱过渡到自动百叶箱，让学生体会科技的进步，同时运用原理对真实采集到的气象数据进行分析和验证
	展示自动百叶箱记录的前后两天气温日变化图，让学生判断可能的天气，选择不同的箭头(越粗代表辐射越强)所代表的字母填在原有箭头旁，说明不同天气大气受热过程的差异	理解天气状况如何影响大气对太阳辐射的削弱作用和对地面的保温作用，使学习进一步深入
	展示晴天的气温与 PM2.5、PM10 变化图，及当天的雾霾图片，通过分析两种要素的关系，用大气受热过程原理解释逆温现象的形成原因	通过空气质量、体育锻炼等生活场景认识逆温现象，进行跨单元学习
总结	展示所使用的不同历史阶段的百叶箱，对本节课进行总结	展示气象科技发展历史，升华本节课的主题

表 2　第 2 课时“风速风向仪的秘密”教学设计

教学环节	教学活动	设计意图
引入新课	展示气象园的全景图，询问学生其中最具动感的设备是什么，引出本节课的主角——风速风向仪	通过运转中的气象仪器引入到大气运动学习
通过认识风速仪学习热力环流原理	让学生观看气象小剧场 3（风速仪介绍及某天转动的延时视频），观察风杯转动速度随昼夜更替而产生的变化规律并推测原因，从中总结一些与大气运动有关的名词	风速仪的延时视频让学生有身临其境的感觉，借此引出热力环流
	展示气象园记录的某天气温、气压和风速变化图，通过分析三个气象要素的关系，总结热力环流的形成过程，并让学生画出校园内的书香广场和北侧水池之间的热力环流模式图	通过气象数据学习热力环流原理，并使用校园内的场景画出模式图，培养迁移能力
通过认识风向仪学习大气水平运动——风	让学生观看气象小剧场 4（风向仪介绍及根据某年 1 月和 7 月盛行风向制作玫瑰图的视频），再依据比热容差异，判断不同季节的海陆气压状况，并结合地转偏向力画出上海的盛行风向	从更大的时空尺度认识热力环流和大气水平运动，并用影响风向的因素进行验证
	指导学生在等压线图上画出台风四个方向的风向，并展示 2021 年的“烟花”台风过境上海前后风向仪记录到的风向变化，判断“烟花”台风的移动路径	学会从等压线图上绘制风向，同时联系台风知识，进行跨单元学习
总结	再次展示气象园的全貌，圈出本单元用到的气象设备，点出还有很多有趣的仪器可以用来研究，指出对大气环境的探索是没有止境的	展示气象园的丰富内容，激发学生进一步探索大气的兴趣

(四) 进行单元教学评价

本单元教学以气象活动作为驱动学习的方式，着重培养学生自主探究和解决问题的实践能力[①]，所以相比传统的纸笔测试，更适合使用表现性的方式来进行教学评价，据此拟定了四个指标、三级水平来区分，具体如下：

表 3　本单元教学表现性评价表

指标	水平 1	水平 2	水平 3
气象设备认知	能够简单说出气象园内设备的名称和功能，但不会使用，也无法将其与单元学习内容进行联系	能够详述气象设备的名称和功能，熟悉基本操作，并能和单元学习内容做一定程度的联系	对气象园的主要设备和功能如数家珍，操作熟练，并能将其精准地应用到单元学习中

① 梁月琴. 大单元教学在地理教学中的探索研究——以“大气”大单元教学设计为例[J]. 中学地理教学参考，2021(24)：53—55.

续　表

气象数据解读	能在统计图中读取单一要素的数据，并总结变化规律，但很难将其应用到大气原理的验证中	能读取和总结多个要素的数据和规律，简单分析它们之间的关系，并初步应用到大气原理的验证中	能熟练地读取和总结不同要素的数据和规律，并将它们的联系灵活运用到大气原理的验证中
实践活动参与	能参与填箭头、画风向等实践活动，但因为不会应用原理，导致活动无法完成，体验较差	能将习得的原理简单应用到实践活动，有成就感，但思考并不全面，如没考虑地转偏向力，完成度不足	能将原理充分运用到各种实践活动中，考虑周全，且能进行迁移，活动效果好，成就感强
实践意识培养	对气象设备现象产生了一定兴趣，也想进一步探索，但因为没能完成活动，导致克服困难的勇气不足，也找不到方法	对气象活动产生了较大的兴趣，希望了解更多的相关内容，虽然完成度不够，但学会了反思，初步具备克服困难的勇气和方法	对气象设备和活动产生强烈兴趣，能主动发现和探索相关问题，并从体验和反思中学习，具备十足的勇气和灵活的方法

四、素养导向的单元教学设计建议

（一）加强素养导向的综合性

本单元教学设计围绕地理实践力素养的达成而展开，通过一系列实践活动培养所需的意志品质和行动能力，其导向是非常明确的[①]。而培养地理实践力主要是帮助学生获得活动经验，在此过程中还需要区域认知、综合思维之类的思想和方法指导，以便形成人地协调这样的价值观。比如第一课时中认识校园以及上海这些学生身边区域大气运动状况，第二课时中研究雾霾这种与人类有关的环境问题的原因等，既体现了核心素养的天然联系，也是在设计时有意加强的结果。

（二）突出单元设计的联系性

相比传统教学，单元教学更能突出教学内容的联系性，这种联系性不仅体现在用同一个情境串起不同的知识点，更在于突出知识点之间的天然联系。比如本单元教学设计中用“探秘同一附气象园”这一情境，连接起了大气受热过程和大气运动两部分内容，但如果其中没有活动能体现两部分的联系，就还谈不上真正的单元设计，而第一课时的雾霾就扮演了这一角色，它的形成是大气受热过程的一种体现，而它的消散又是大气运动的必然结果，可谓承上启下的关键。

---

① 王超，周丹，刘宁波.课堂教学活动中地理实践力的培养——以“寒潮”为例[J].地理教学，2019(05)：33—36＋32.

（三）增加活动形式的灵活性

新课标中关于地理实践活动形式的阐述主要包括考察、实验和调查等，应该说这些活动对学生地理实践力的培养是更加全面的[①]，但受限于时空环境，往往难以在基础型课程中开展，但这并不代表就必须舍弃。在本单元教学设计中，就采用了拍摄视频并现场播放，以及将气象数据提炼加工的方法，最大程度还原了更适合在拓展性课程中出现的实践场景，不但让学生有身临其境的感觉，也提升了课堂效率，体现了活动设计的灵活性。

（本文作者：同济大学第一附属中学　陈童临）

---

① 廖苗，沈虹弛，李树民. 指向地理实践力提升的路径和策略——以“气象和气象灾害”小组合作学习为例[J]. 地理教学，2017(24)：44—46.

20. 自我决定理论视角下考试形式的创新

——实现评价的三个转变

摘要:评价是育人的关键一环,教学中过程性评价的考试依然是传统的形式,鲜有创新。本文以自我决定理论、AAL理论为依据,设计闯关型考试,旨在落实以学生为本的个性化的考试形式,体现"教—学—评"一体化。实现考试评价的三个转变:"统一"向"个性化"转变,"被动"向"主动"转变,"水平"向"增值"转变。

关键词:考试评价;自我决定理论;AAL理论;闯关型考试;"教—学—评"一体化

一、创新考试形式的起因

近年来,随着2017年版普通高中课程方案和各学科课程标准,以及2022年版义务教育课程方案和各学科课程标准(以下简称"双新")的全面实施,教育改革在广度和深度上都有了重大突破。在广度上涵盖了教学全流程,"加强对课程、教学、作业和考试评价等育人关键环节研究",在深度上强调其对高质量教育体系建设的基础作用[①]。

从2020年7月开始,杨浦区作为承载"双新"的示范区,以创智课堂建设为核心,展开课程建设、教师专业发展、评价体系等研究。创智课堂强调以素养培育为导向,在不同学习环境中,以学生的学习创新为核心,教师的教学创新为依托,突破原有的学习形态,促进师生素养形成与智慧发展的课堂变革行动[②]。以学生本位,在研究教学内容、学生的个体差异和学情特点的基础上,创新地设计学习目标、学习活动和评价活动等[③]。

"创智课堂"在单元学习设计、基于真实情境的问题解决、跨学科学习、支持学习方式转

---

① 李文辉,项立军."双新"背景下教研转型的主要任务、关键环节和突破要点[J].中国教师,2023(02):27—31.

② 张雅倩.融合创智课堂理念推进育人方式转型的杨浦探索[J].现代教学,2023(Z3):25—26.

③ 汤林春.如何促进"双新"课程改革的高质量实施——教育部基础教育教学指导委员会教学管理改革指导专委会研讨会综述[J].上海教育科研,2023(03):20—24.

型等环节都取得了重大的成果[①],但对起着导向作用的考试评价却较少关注,而考试评价是教学过程中非常重要的环节,考试形式的创新又能很好地拓展创智课堂的广度,值得特别关注。

在教学中,笔者遇到一次考试改变了一个学生的有趣经历。一个成绩较好的学生在一次考试刚开始时就趴在了桌上,询问得知:他觉得会的没必要答,不会的由于受制于考试时间,没时间答,没意思。我说那你就答答最后两道有意思的题吧,若答对就可以满分。话音刚落,他眼睛突然亮了,二话不说,打开试卷兴奋地做了起来。因为时间比较充足,他全做对了,并如愿以偿地得到了满分。这次考试大大地激励了他,此后他对研究题目产生了浓厚的兴趣。

该现象引起笔者对考试形式的现状进行反思。这些年高考、学业水平考、自主招生考等考试形式都发生了很大的改变,出现了等第考,改分数评价为等第评价,增加了英语口试、体育技能考试、物理、化学、生物的实验操作考等,单一的纸笔考试兼顾了表现性评价,考试形式及考试内容更加立体丰富[②]。而课堂测、单元测、阶段测等这些过程性评价的考试还延续着传统的考试形式,每位同学都面临同一张试卷,无论学得好还是差,都从头做到尾,这当然能够起到统一标准,综合评价学生掌握程度的作用,但多数情况下却让学生感到疲倦。这样的考试打击了学习困难的同学,看着一次次的低分只有挫败感;也让学习优秀的同学考得无趣,前面基础的题目都会,但要花大量的时间做,到后面跳一跳可以够到的题目,常常有些思路,但来不及完成,非常遗憾。不同层次的同学从同一起点出发,看似公平的考试实际上是另一种不公平。

考试评价的根本属性是要具有教育性,以评价结果促进考生个性化发展[③]。过程性评价的考试呼唤一种体现个性差异的考试形式,针对不同层次的学生能更精准、个性地给予评价,并作为个别辅导和教学改进的依据。笔者试图寻找一种新的考试形式,一是响应"双新"课改中评价的多样化,弥补杨浦区创智课堂对考试评价的关注不足,二是让不同层次的同学乐考,并能从考试中有所得、有所悟。

二、理论依据

(一) 自我决定理论

自我决定理论是由美国心理学家理查德瑞安(Richard M. Ryan)和爱德华德西(Edward L. Deci)等人于 20 世纪 80 年代提出的一种研究人类动机与人格发展的元理论,是对人的内在动机及内部需求的探究。自我决定理论有 6 个分支理论,分别为:认知评价理论、有机整合

---

① 陆卫忠,张雅倩.素养导向下区域推进创智课堂的实践研究[J].上海教育科研,2023(03):74—79.

② 王旭东.学校学科考试评价改革的"五个转向"[J].教学与管理,2021(28):78—80.

③ 张定强,马登堂.基于义务教育学业质量标准的数学考试评价[J].中国考试,2023(01):61—66.

理论、因果定向理论、基本心理需要理论、目标性质理论、人际关系动机理论。其中核心理论是基本心理需要理论，其有三种心理需要：一是自主需要，指个体自我决定的需要，即个体对自身行为具有自主选择权。二是能力需要，指个体控制环境的需要，即个体的胜任感。适度的挑战和积极的评价才能满足个体的胜任感。三是归属需要，指个体归属环境的需要，即个体对关爱、理解、支持的感知。其他的分支研究外部事物如何通过支持或阻碍三种基本心理需求的满足从而对内在动机产生影响等。可见要发挥人的内在动机，需要有外部的环境支持①。

(二) AAL 理论

考试评价涵盖两个概念，分别是考试和评价。考试是通过给考生提供一系列的任务样本，然后收集考生的作答反馈，从而推测其知识水平、能力及素养的变值。评价是根据一定的教育价值观或教育目标，运用可行的科学手段，通过系统收集和分析整理信息资料，对教育活动、过程和结果等进行价值判断。考试是评价的重要手段，评价为了更好地改进教育，促进学生学习。

评价如何促进学习，厄尔(Earl, L.)和邓恩(Dann, R.)提出了 AAL 理论(As-sessment as Learning，简称 AAL，即作为学习的评价)，大致有三种主张：第一，“评价即教育”。人会对外界刺激产生反应，会根据外界反馈信息不断自我调整。学习评价结果同样会引起学生行为和发展方向的改变，为教育提供了一种方法。第二，“评价即学习”。评价不是教与学过程中的附属品，相反，评价本身就是学习。当学生参与评价时，他们能从中学到很多。第三，“评价即改进”。评价不仅仅是发现正确答案，也可以使人反思、评论、发现、检验等，并与同学一起探究、讨论、试错与改进。评价、教育、学习、改进四者两两相通，不是相互分离的，坚持“教—学—评”一体化。②

实现评价促进学习的机制是“评价实施—结果反馈—教学改进＋学习改进—效用生成”，见图 1：

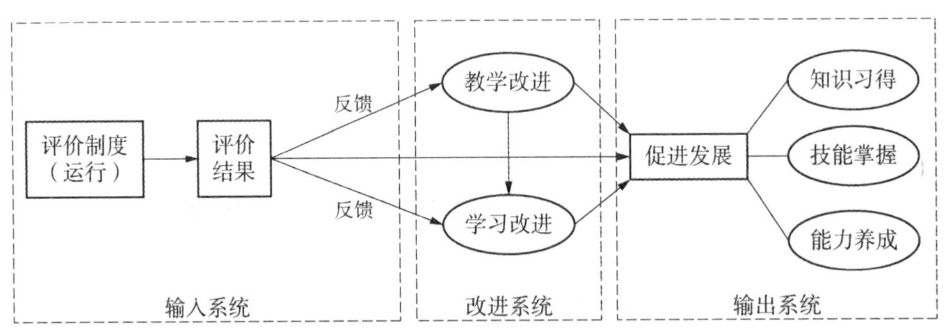

图 1　评价促学功能的实现机制

---

① 赵宏玉，王红霞. 自我决定理论研究述评[J]. 开封文化艺术职业学院学报，2021，41(01)：5—7.

② 李鹏. 评价如何促进学习？——从泰勒到厄尔的探索与反思[J]. 外国教育研究，2020，47(01)：31—44.

根据自我决定理论和 AAL 理论。笔者希望通过借鉴游戏的闯关形式，星级题库对题目从知识维度和能力维度的分类方法，将二者融合形成一种新的考试形式，一种指向学习目标的、多样的、有一定自行选择空间的考试形式，以满足学生的不同需求，激励不同层次的学生，虽然闯关和星级题目都是比较传统的形式，但二者融合应用在考试中应该是一种新颖的尝试。

三、闯关型考试评价的实践

笔者以导数章节的小测为例，说明闯关型考试的设计与实践。在实践开始前，笔者详细介绍了闯关型考试评价的理念以及内容，通过问卷与访谈调研学生的意愿和需求。问卷结果显示，学生中有约 30%意愿强烈，45%意愿一般，25%持反对意见。经过访谈得知，学生主要的顾虑集中在害怕挑战失败，分数较低，打击自信心。因此，在后续设计时，将闯关型考试定位为设立在课堂小测、阶段小测、单元小测等阶段的过程性的评价。闯关型考试旨在对平时学习内容进行检验，分数的高低反映学生目前阶段的学习状况，而非终结性评价。不仅如此，闯关型考试设置丰富的得分方式，扩大学生的选择权，建立自信。

（一）闯关型考试评价设计——星级试卷

1. 考试前，研究课程内容及学情

从课程内容及学情入手设置试卷题目的星级（以导数为例，见表 1）。首先，通过对课程内容的研究，提炼出该章节的知识点，结合课程标准及素养维度，辨识难易度。其次，通过交谈、课堂观察、课后作业等进行综合分析，了解学生对知识点的掌握情况，再与知识点的难易程度相结合，以此为依据选取合适的题目，按照由易到难依次标注 1—5 星，形成最终的考试卷。可以在低星题目设置一些课本或作业中的原题。在教师版的试卷中，标注每小题知识的考查点（知识维度）和素养的考查点（素养维度）。将素养维度分为三个层级，由低到高依次为一、二、三。

表 1　星级试卷设置标准

星级	知识维度	素养维度
1 星	直接运用求导公式或结合加减法法则求导； 利于导数的几何意义求切线方程	数学运算（一） 直观想象（一）
2 星	复合函数求导或利用乘除法的法则求导； 有关导数概念和几何意义的简单题； 利用导数求函数的单调区间（不含字母）	数学运算（一） 逻辑推理（一）

续 表

星级	知识维度	素养维度
3 星	有关导数概念和几何意义的复杂题； 求最值(不含字母)； 已知函数单调性求参数范围的简单题	数学运算(二) 逻辑推理(二)
4 星	讨论含字母的函数的单调性、极值、最值问题	数学抽象(二)
5 星	零点、不等式问题； 利用导数解决实际问题	数学抽象(三) 数学建模(三)

2. 考试中，找准定位

考试共设置了三种得分方式：

(1) 忽略星级，依次作答，评分规则与传统考试一样。

(2) 选择从某个星级题开始作答，如从二星开始，二星闯关成功则获得一星及二星分数，依次类推。

(3) 闯关未成功，只计算解答正确的题目的分数。

每位同学根据自己课程知识的掌握程度、性格等综合因素，定位自己的答题方式。引导学生自我评价、自主选择、自我负责的思维模式。

3. 考试后——依评价结果精准改进教与学的方式

表 2　学生自评表

星级	总分	得分	知识点分析	能力或素养分析	改进措施或努力方向
1 星					
2 星					
3 星					
4 星					
5 星					

教师可设填表须知：在知识点分析一栏，掌握了的知识点就填优，有问题的知识点可填完全不会、一知半解、生疏马虎等；能力或素养分析一栏可以以好、中、差的标准填运算能力如何、推理能力如何(或过程书写如何)、方法如何、读不读得懂题等；改进措施或努力方向一栏要具体并可实施。这张自评表就如同医院的体检报告，知道自己优势在哪里、不足在哪里。在以后的学习中才可查漏补缺。老师可以结合考前对课程内容及学情的分析，结合学生的自评表，一方面综合评价教学情况，找出成绩不理想的原因，并对症下药；另一方面可以更精准地指导学生如何学习、如何改进学习方法，并帮助学生学会准确地评价自己，实现

"教—学—评"一体化。

下图是闯关型考试实操图。

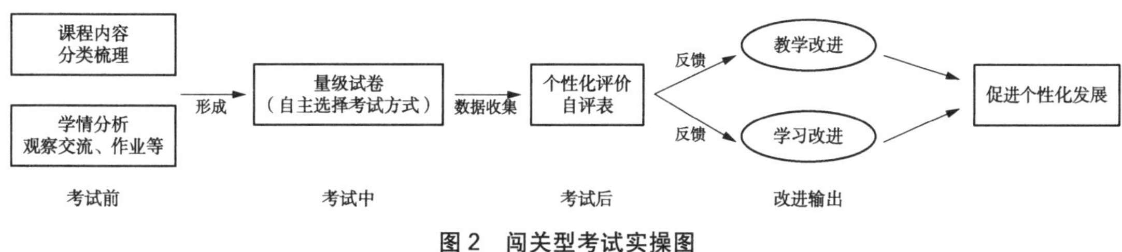

图 2　闯关型考试实操图

（二）实施效果分析

1. 从一些掌握知识程度好的同学看

闯关型考试给了他们一个新的平台，有利于他们更好地展示自己。比如：每次考试最后一题的第三问，空白率达到约 80%，而星级试卷的闯关型考试，掌握知识程度好的同学有较充足的时间思考，空白率降到了约 65%，并且答得很好，挑战的成功给了他们极大的自信，对挑战一些难题的兴趣越来越浓，人数也逐渐增多，很好地锻炼了他们的思维能力。

2. 从掌握知识程度差的同学看

由于在一星、二星题中设置了一些作业、课本原题，对他们认真做作业的态度予以肯定，分数也比以前有所提高，50 分以下的同学由以前的约 18%也降到了 10%，他们的脸上浮现了自信的笑容，极大地鼓舞了他们的学习热情，上课认真听讲、下课认真做作业的比例上升，主动找老师问问题的人数和次数都大幅增加，逐渐形成了良性循环。

3. 从掌握知识程度一般的同学看

这部分同学常常是老师关注的盲区，表扬也少，批评也少，但星级试卷的闯关型考试，让他们清晰地感受到自己的进步，对自己的努力给予了及时的肯定，逐渐走出对分数的焦虑，开始关注考试对思维能力的提升，勇于挑战自己。

四、结论

（一）满足学生三种基本心理需要的考试评价，有利于内在学习动机的形成

首先，闯关型考试满足了学生的归属需要，在考试形式创新实践的前、中、后期都通过问卷、访谈等方式询问学生意见并满足学生需求，让学生在学习的过程中感受到尊重，并不像传统考试一样变成不得不完成的强制任务。其次，满足了学生的自主需要，学生根据自己对知识的掌握程度自主选择不同星级的题目开始考试。考试后，有自评表，这样通过让学生参

与评价标准的研制和自行反馈，促进学生对考试功能的深入理解，从而更积极地改进学习动机、学习投入和学习策略。第三，满足了学生的胜任感，闯关型考试既充满挑战又给人以成就感，比如一、二星设置的作业或课本上的原题，让一些成绩不太好的同学也可以通过上课认真听讲、下课认真做作业来取得进步。学生在闯关星级提高的过程中，可以清晰地感受到自己的进步，从而得到肯定和激励。

传统考试的一刀切模式往往会陷入唯分数论中，这导致了学生之间的竞争，强化了学生学习的外部动机。而闯关型考试通过满足学生的归属需要、自主需要和胜任需要，引导学生成为进步者，逐步形成学习的内在动力。

（二）实现"教—学—评"一体化，落实评价的三大主张

闯关型考试并不局限于考试时间，而是延伸为考试前（教学）—考试中（考试）—考试后（精准改进）的泛考试评价过程。

一方面，闯关型考试建立在考试前教师对于课程内容和学生的充分研究之上，教师考试前对章节内容和难度进行分类梳理，并通过对学生的观察研究，划分学生的学习程度，这样既对知识有着精准定位，又对学情有了充分的了解。

另一方面，闯关型考试的结果能更好地帮助教学和学习的改进，因为闯关型考试能精准贴合学习目标，涵盖知识维度和素养维度。考试结果，不止能看到分数，还能看到学生的知识和素养及对自己定位准不准确等多个方面。这样在后期指导上更有针对性，如有的学生要加强基础练习；有的学生对知识一知半解，对自己了解不足，要加强细节；有的学生能力不足，思考的深度不够，要加强思维训练等。教学由单方面的知识输出，变为引导学生自评，建立学习框架和思维模式的综合输出。落实了"评价即教育""评价即教学""评价即改进"的三大主张。

（三）实现考试评价的三个转向

1. "统一的评价"转向"关注个体差异的评价"，发挥考试评价的导向性功能

闯关型考试使不同基础的学生可以自主选择开考的题目星级。关注学生的个性品质、知识结构、思维发展水平，因材施考，让不同层次的同学都有所获，给予个体更多被认可的机会和可能，同时培养学生正确对待考试的情感和态度。这正贴合了创智课堂的以学生为本位，在研究教学内容、学生的个体差异和学情特点的基础上设计评价活动的理念。

2. "被评价"转向"主动的自我评价"，发挥评价的促进性功能

双新教育强调多元化的评价形式，更强调评价主体的多元化，致力于改变学生被评价的地位，只有让学生主动地参与到评价中来，学生才会真正认同评价结果，才能自发地以评价结果为参照，不断改进学习过程①。闯关型考试为学生的自我评价提供了一个平台，如学生

---

① 王智攀. 自我决定理论运用在教学中存在的问题[J]. 林区教学，2022(10)：64—67.

选择从哪个星级题目开始闯，就需要确切地了解自己的学习状况，定位准确就比较容易成功并获得高分。在这种考试的多次磨炼下，学生会对自己的学习状况了解得越来越准确，为有的放矢地改进学习提供依据。

3. “水平评价”转向“增值评价”，发挥评价的发展性功能

考试后给学生一个分数，成绩优异的学生容易得到表扬，成绩差的学生容易受到批评，这是水平评价。增值性评价是关注学生的进步。闯关型考试就是增值性评价，不止能从两次考试的分数对比上看到进步，还可以从闯关题目的星级提高上看到进步，这样更易使后进生和中等生因为进步得到肯定，有利于学生个性化的发展。

闯关型考试的定位是对学习情况的日常和阶段考查，目的是发现问题、解决问题。因此相较于传统考试，具有“教—学—评”一体化、个性化、挑战性、自主性等优势。但是考查不一定全面，例如三星闯关成功的学生，并不能保证一星二星题目的正确率。因此适用于过程性评价的考试和传统考试相结合，可以形成更全面的考试评价系统。

（执笔人：上海理工大学附属中学　张丽华）

21. 指向核心素养发展的跨学科学习项目设计与实施

——以“会拐弯的小车”项目实施为例

摘要:本文以高中选修课程“工程模型的创意设计与研究”中的“会拐弯的小车”项目为案例,探讨了跨学科学习项目的设计与实施,聚焦真实问题,让学生关注真实生活、倡导人文关怀和加强亲历实践,以促进中学生核心素养的发展。提出了教师在跨学科学习项目中的关键行动策略,包括寻找解决真实问题的“隐藏点”,凸显学生主体作用的“隐教师”,以及探究真实任务实践的“隐方法”。从而促进学生直面挑战、勇于担当,引领学生严谨探究,彰显学生生命活力。

关键词:核心素养;跨学科学习项目

核心素养的提出明确了当代教育需要培养什么样的人,这不仅牵涉到要“知晓什么”,还牵涉到在现实的问题情境中“能做什么”的问题,这就对一个人解决问题的能力提出了更高的要求。依据核心素养的培育目标,当前的学校教育正从“知识传递”转向“知识建构”,其中的课程设计、育人方式等都面临着深刻的变化。2019 年发布的《国务院办公厅关于新时代推进普通高中育人方式改革的指导意见》为课程改革指明了方向,而《普通高中课程方案(2017年版 2020 年修订)》也明确了以跨学科项目化学习为主的研究型学习经历的学分标准。因此,在学生知识储备情况基础上,适配学生的兴趣和特长优势,设计并实施侧重知识的应用、跨学科的认知和技能变通的课程成为当前学校课程建设的刚需。

近年来,上海市杨浦区正在推进创智课堂建设的实践探索,学校又是特色高中,鼓励开发工程类校本课程,基于学校学段、学生实际,依据“双新”中所提出的对跨学科课程校本化设计与实施的要求,笔者结合自身教育教学实践,形成了选修课程“工程模型的创意设计与研究”,并在校内开展多年,累积了一定的教育教学经验。本文将选取其中的“会拐弯的小车”项目,围绕项目设计、教学实施、学习成效三个方面,探讨高中跨学科学习项目化如何设计与实施,从而促进学生核心素养发展。

一、开发聚焦真实问题的跨学科学习项目

（一）关注真实生活是跨学科课程的逻辑起点

跨学科课程倡导从真实情境中来，再回到生活中去。所以，跨学科学习强调学习者以合作方式提出并解决复杂且有意义的问题，从而习得隐含在情境背后的科学知识，形成解决问题的技能和自主学习的能力。因此，跨学科课程的开发要从现实中发现问题，在尊重学习主体元认知的同时，引发其与学习内容相勾连的兴趣，使待研究的问题更有意义、有价值。

“真实生活”“真实问题”中蕴含的“真实性”具有无可替代的重要地位，是跨学科课程开发的逻辑起点。

（二）倡导人文关怀是跨学科教学的重要基础

无论是基于必修学科课程标准的跨学科学习，还是去学科化的跨学科学习，其背后关注的始终是“人”的培养。所以，倡导人文关怀的跨学科教学不仅关注学生学到了什么，更关注“如何学到”“如何应用”，着力培养阳光向上的青少年。

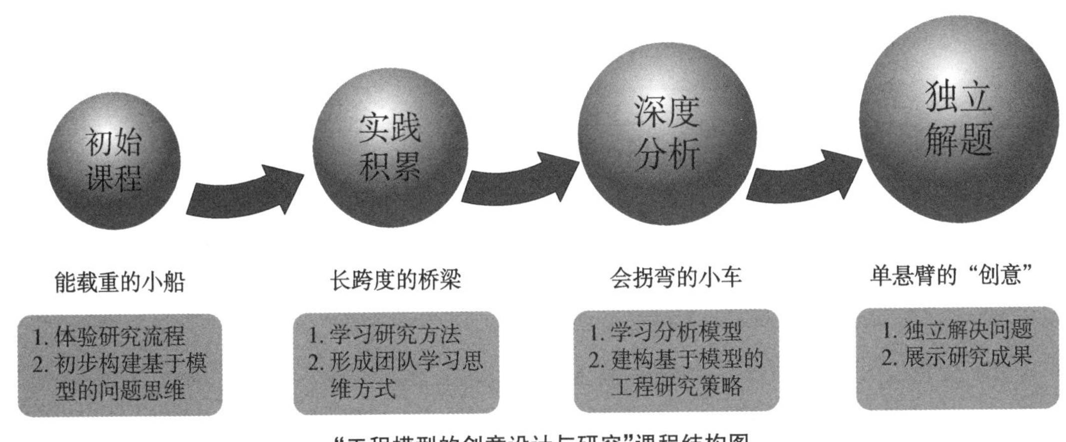

“工程模型的创意设计与研究”课程结构图

“工程模型的创意设计与研究”是依据学生需求定制的工程实践项目，侧重以工程思维方式和运作模式为基础开展跨学科教学。项目以创设模拟工程需求为起点，以模型设计为学习贯穿，经历“需求—建模—研讨—共享—完善”的迭代过程，关注问题解决的创造性和基于模型的深度探讨。其中“会拐弯的小车”以“制作拐弯小车模型”为任务，引导学生体会跨学科知识及应用、团队合作分享、创意思维锻炼等工程素养的价值。

（三）加强亲历实践是跨学科学习的根本路径

“绝知此事要躬行”。在学习过程中亲身实践，以最直观的体验获得感悟，才能更深刻地理解各种知识，掌握各种技能，并在实践中提升对事物的深度认知。

“工程模型的创意设计与研究”课程构建了充足且丰富的时空，用于学生在宽松的氛围中尝试各种设计方案并予以实践，真正做到自主摸索适切的问题解决路径，并在实践中积累经验，提高问题解决的效能。

二、彰显跨学科学习特征的教师行动策略

（一）寻找解决真实问题的“隐藏点”

跨学科学习多采用项目化方式推进，该方式改变了传统的被动接收模式。因此，以真实问题贯穿始终的课堂也促使教师角色发生巨大转变。教师不再“拖拽”或“推搡”学生，而成为有温度的观察者和引导者。

“会拐弯的小车”项目整体思路

“会拐弯的小车”从生活中可见的平衡车引发思考，进而生成课堂探究问题：如何用纸张等材料制作小车，并能够在既定环形轨道内行驶尽量远的距离。第一学时的内容为提出问题和初步建模，第二学时为基于模型中发现的问题进行深度研究，第三学时为共享研究成果并改进方案加以检验，第四学时为接受更高难度任务的挑战。

项目设计以遵循学生认知规律和工程制作的关键流程为要素，有序推进。教师是项目的整体布局者而绝非“细节控”，其角色作用主要体现在课堂索引和课堂导引两个方面。

课堂索引是指教师将整体思路和关键内容把握于心的同时，转换自身为第三方观测、协助、陪同。教师只有走出讲台区来到学生身边，弱化权威感、降低距离感，学生研究的主动力才有可能得到施展，才会积极寻找解决真实问题的“隐”藏点，将“大任务”细化为“小问题”，自发形成不同群体单位的探讨与实践。教师则从旁倾听与观察，发现与鼓励。

课堂导引是指在学生探究过程中遇到各种问题和困惑时，教师不是直接提供答案，而是通过启发促使学生思考，探讨发现解决路径，甚至陪学生一起走一段“弯路”。课堂导引给予学生自由的空间和足够的尊重，让学生真正经历自主独立的问题解决过程，教师仅进行适时小结与适切点拨。

（二）凸显学生主体作用的“隐教师”

跨学科学习特别注重以学生为主体，强调变被动为主动。在高中的传统课堂中，学生较多呈现的是以自我为中心的“个体封闭式”学习样态，即不论老师说什么、做什么、要求什么，

学生一般都沉浸在自己的思考中，不说话、不回答、不提问，眼神回避。所以，在跨学科学习中，教师需要适当放松紧绷的学习之弦，让学生轻松行动。

项目第二学时“影响小车运行因素的研究”教学片段

学生运行了前一次活动中制作的初代模型，发现不少问题。于是，他们在课后针对造成这些问题的可能原因进行调研，或查找资料，或与教师、同学讨论，做了一定的理论准备。课上，大家集体讨论并确定各自的研究方向，再逐一对某影响因素进行深入分析。有的学生来来回回运行小车，总觉得对比实验的次数不够；有的认真记录实验的每一个数据；有的对比理论预设作分析。

显而易见，对比验证性实验，探究活动的开放度越大，当然也越接近于真实的科研探索环境。因为他们需要依据科学公理、嫁迁研究方法，采用对比实验制作小车、测试运行，从现象中抽丝剥茧，获得相应的结论。

这样的状态正是学生主体性的重要表征。他们按照自己的节奏发现问题，解决问题，甚至挑战问题。在这些过程中，学生可能就一个细节开展激烈争辩、串组观摩他人实验、侧耳倾听“偷师”别组。这些行为看似无序松散，实则有理有据。因为，学生在这样的环境下自发说的话、做的事才是研究过程真正需要的。这样的课堂也迫使教师转变观念，改进教学策略，促进学生学习样态的转化。在这样的课堂中，教师具体要做的是不急于控制进程，而是平和、耐心地让出足够的空间，让学生自主、自由前行。

（三）探究真实任务实践的“隐方法”

跨学科学习是面向真问题，付诸真实践的。所以，教师在推进活动时，还要避免恪守教学环节。教师要敢于突破“教师讲，学生听—学生个体模仿—小组集体讨论—班级集中展示”的标准范式，特别是避免看似有理有序实则浮于表面的虚假活动。而要勇于把既定的规范步骤打散、揉碎，再重新融入课堂。跨学科课堂中应该出现设计、讨论、实践、反思等行为随时随地地无缝切换，甚至同步进行。“此时无法胜有法”不是没有或不要方法，而是把定式的教学方法“隐”到任何可实施的环节中去。

课上学生关于应用控制变量法的对话片段

学生1：我们需要一些小车来测试，一辆肯定是不够的。

学生2：嗯，至少两辆，通过改变参数做对比实验。比如研究车轮大小，就得有大小不同的车轮来运行比较。

学生1：对，那我们就只改大轮，一个就用上次的，另一个大轮的直径先放大3mm试试。不过，其他就要很小心了，要不然会有影响。

学生2：对哦，控制变量法！那我们做的时候还要注意控制车辆质量，误差不能超过允许范围。

实验过程中，他们针对控制变量法继续讨论：

学生1:我觉得控制变量在实验中其实很难达成,特别是这里还涉及手工工艺,质量控制就更难了。不同车辆都可能会有偏差。所以,现在我们不能确定原以为可以忽略不计的误差是不是影响小车运行的重要因素了。

学生2:是的,影响小车运行的因素太多了!有些小细节,很可能我们觉得可以忽略的,其实现实中是不能忽略不计的。

学生1:对的,看来我们需要把这些细节多过几次,多收集一些数据,再用大数据做一下判断。

控制变量法是常见且重要的科学研究方法之一。所以,教师不需要关照高中学生在设计方案伊始要用到此法。对他们而言,控制变量法的难点在于如何将方法运用于具体的方案中,如何切实控制具体的变量以有效执行方案。从课堂实施过程可见,教师没有参与变量法的"控制",只是保持信任,静旁观察。而当学生摸索到理论和实践的差距时,也更深入理解了控制变量这一科学方法的严谨。

教师对于教学方法的"隐",不是教学态度的懈怠,而是一种看似未见,其实是回归学习本源的贴心策略。

三、指向中学生核心素养发展的实践成效

(一)跨学科学习鼓励学生直面挑战

"隐"和"显"是此消彼长的辩证统一体。只有教师教学的小"隐",才能促成学生学习的大"显"。而诸如学生活跃、投入、自主、发展之类的大"显",也正是跨学科学习的价值所在。跨学科学习不能只关注经由量化后得以显示的物化作品与成果评价,更要捕捉那些无法量化但确实在学生身上已经发生了的变化,如表现出的态度、参与度、精神投入度等。

学生在活动过程中对问题所做的自我理解,经研判并付诸实践,对问题理解的清晰和全面程度,实践经验的累积,不断琢磨、精益求精的精神提升等都是成功的表现。教师给予学生适时鼓励和肯定,促进学生学会基于自主学习的独立思考、反思,从而形成良好的学习习惯和适合自身的学习方法。

(二)跨学科学习助力学生勇于担当

跨学科课程设计的首要因素即学情。当前,高中生普遍在多元智能中具有存在智能、知己智能等方面的优势,善于并喜爱通过手作表达内心构想,具有良好的空间架构能力,较强的观察能力、动手能力和机械操作能力等。课程设计基于学生的知识储备与能力体现,适配学生的兴趣爱好与特长优势,侧重知识的应用、跨学科的认知和技能的变通。

真实的学习经历会让学生体会到,个人能力不足以解决所有问题,每个人都有优点和不

足，在团队合作中如何发挥所长，包容彼此的不足，显得尤为重要。在一次次的累积中，学生更加自尊、自信、自爱，坚韧乐观，形成勇于担当的心理品质。

（三）跨学科学习引领学生严谨探究

跨学科学习倡导学生通过经历项目以学习新知识，而不是作为传统课程结束后的展示、表演、附加实践或例证。因此，学生在开展跨学科项目学习时接受到的挑战在于面对复杂驱动性问题时的全局性思考。这是学生在以往传统的学习情境中较少碰到的。学生在发现“危难”时将“学以致用”变成“用以致学”，也是跨学科学习对学生核心素养发展的重要贡献之一。

事实上，学生在开展跨学科项目学习时的态度也比我们想象的更为理性和冷静。学生能够“考虑事物的多种因素”，依据自己和同伴的模型或阶段性成果进行反思、修正和评价；在共享研究成果时，又能客观、平和地对待问题，细腻、理性地处理问题。跨学科学习让学生理解“有困难就一定有方法、有路径”，知道“严谨向前，迭代更新”是解决问题的关键和理念。

（四）跨学科学习彰显学生生命活力

伴随跨学科教学策略的变化，教师隐于人后的状态，会让人有“跨学科学习不需要教师”之类的错觉。但其实正是在这样的阳光教学下，教师才能像影子般伴随学生，疏而不离地关注每一位学生的每一点变化。教师从一个旁观者的角度，发现着课堂中存在的问题并思考这些问题的解决对策与引导方法，并更加客观地记录学生的发展与成长。

当学生有需要时，教师不是直接告知结果，而是给予适当的启发，促进学生思维，促使学生通过主动思考和实践解决问题，提升学生学习的积极性和活跃度。跨学科教师用心守护，给予尊重，传递信心，保持鼓励，温暖每一个学生的心田。学生终将成为充满旺盛、强大生命力的大写的人。

由此可见，跨学科项目不仅要从项目目标、项目内容、实施策略、有效评价等维度全面设计，更要在实施过程中不断完善。只有贴近真实生活的真实问题，才能吸引学生。只有着力提供完整参与研究的过程，才是将学生视为学习主体。只有在问题解决中尝试主动应用知识与技能，问题的解决才会越来越有方法、越来越有成效。像这样的跨学科学习项目及其蕴含的学习方式、学习经历，才是学生发展核心素养、培养问题解决能力的重要途径。

（本文作者：上海理工大学附属中学　顾凌燕）